心一堂彭措佛緣叢書•劉兆麒大圓滿譯著文集

藏傳佛教寧瑪派日常法行念誦儀軌

劉兆麒　編譯

書名：藏傳佛教寧瑪派日常法行念誦儀軌（上）
系列：心一堂彭措佛緣叢書•劉兆麒大圓滿譯著文集
編譯：劉兆麒
責任編輯：陳劍聰

出版：心一堂有限公司
地址/門市：香港九龍尖沙咀東麼地道六十三號好時中心LG六十一室
電話號碼：(852)2781-3722 (852)6715-0840
傳真號碼：(852)2214-8777
網址：www.sunyata.cc
電郵：sunyatabook@gmail.com
心一堂 彭措佛緣叢書論壇： http://bbs.sunyata.cc
心一堂 彭措佛緣閣： http://buddhism.sunyata.cc
網上書店： http://book.sunyata.cc

香港及海外發行：香港聯合書刊物流有限公司
香港新界大埔汀麗路36號中華商務印刷大廈3樓
電話號碼：(852)2150-2100
傳真號碼：(852)2407-3062
電郵：info@suplogistics.com.hk

台灣發行：秀威資訊科技股份有限公司
地址：台灣台北市內湖區瑞光路七十六巷六十五號一樓
電話號碼：(886)2796-3638
傳真號碼：(886)2796-1377
網絡書店：www.govbooks.com.tw
經銷：易可數位行銷股份有限公司
地址：台灣新北市新店區寶橋路235巷6弄3號5樓
電話號碼：(886)8911-0825
傳真號碼：(886)8911-0801
網址：http://ecorebooks.pixnet.net/blog

中國大陸發行•零售：心一堂•彭措佛緣閣
深圳流通處：中國深圳羅湖立新路六號東門博雅負一層零零八號
電話號碼：(86)755-82224934
北京流通處：中國北京東城區雍和宮大街四十號
心一堂官方淘寶流通處：http://shop35178535.taobao.com/

版次：二零一四年三月初版，平裝

定價（上下兩冊）：
港幣 三百八十元正
人民幣 三百八十元正
新台幣 一千三百八十元正

國際書號 ISBN 978-988-8266-31-9

鷓鴣天　贊蓮花生大師

李蘊珠

何幸高原降佛尊，深山古寺雪紛紛。

禪心好似寒潭雪，密法真如妙鬘雲。

憑慧果，護乾坤，琪花靈草散空門。

蓮花葉上蒼生渡，塔岸鐘聲禮贊頻。

八聲甘州　頌蓮師

劉兆麟

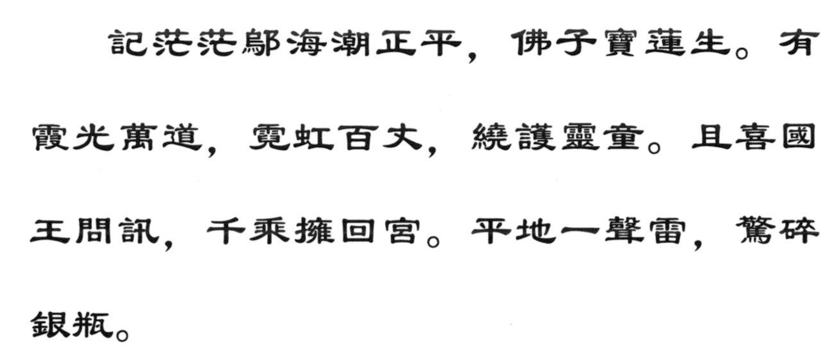

記茫茫鄔海潮正平，佛子寶蓮生。有霞光萬道，霓虹百丈，繞護靈童。且喜國王問訊，千乘擁回宮。平地一聲雷，驚碎銀瓶。

百歲修真萬里，看三身大化，五氣騰空。盡伏妖掃障，雪域更傳經。降八魔株守伏藏，建廟堂慈惠度群生。從茲起，佛傳藏地，朗月青燈。

目　錄

上冊

下冊

前　言

藏傳佛教是中國佛教的三大分支之一，早在吐蕃赤松德贊王朝（唐朝開元年間），就由蓮花生大師在藏創建桑耶寺，藏傳佛教密宗便在西藏流行。後宏期時，由於傳承的不同，又分為黃教（格魯巴）、紅教（寧瑪巴），白教（噶舉巴），花教（薩迦巴）及黑教（苯波）等幾大宗派。另外尚有一些小的教派，這裡不再重述。由於西藏地處邊陲，交通阻隔，地勢高寒。密教傳承又很嚴格，所以很少在漢地傳播。儘管歷經元、明、清三個朝代，各朝帝王都很信奉，但僅局限在宮廷內部，民間實難聞法。

辛亥革命以後，先後有諾那、貢嘎二師到漢地傳法。又有黃教的九世班禪，多傑覺巴，花教的更桑次赤，白教的聖露上師等，先後弘傳，灌頂授受，同時湧現出了一批密宗譯師，如藏族的喜饒嘉措、才旦夏茸，漢族的釋能海、釋超一、釋觀空、釋滿空、根造、密顯等高僧。在家居士有陳濟博、孫景風、胡亞隆、吳潤江、王家齊，劉根塵，張澄基、劉銳之、王沂暖，侯生禎等學者。

民國期間，一大批著名的知識份子皈依了藏傳佛教，他們有梁漱溟、羅庸、張晴麓（號雲石）、錢君甫、蔣維喬、陳建民、黃念祖、林文錚、黃輝邦、段克欣、餘悟凡、張興若等，形成了辛亥革命以後的第一次密教盛行期。一九八八年三月，由袁鴻壽、王沂暖、黃輝邦、劉兆麒、索朗頓珠諸人宣導，在北京首次召開了藏密學術交流會，各地學者雲集，對藏密的義理進行了深入的探討，揭開了第二次密教盛行的序幕，便有不少活佛、上師相續到漢地傳法，其中有阿宗寺的珠巴仁波切二世，噶妥寺的莫扎，夏瓊寺的夏日頓，貢覺寺的貢覺丹增及旦比尼瑪、華青多傑等大德。

然而，漢地眾生，苦於不懂藏文，除了對日常法行中的真言以外，很難入門，為此，前些年已有釋能海、侯生禎、湯薌銘等大德翻譯的《藏語系佛教念誦集》由宗教文化出版社出版。又有臺灣全佛出版社出版，由永殿侶握、吉美切休二仁者翻譯的《蓮花生大士祈請文集》。此者，已為漢地金剛弟子大開了方便之門，但是，紅教寧瑪巴系統的念誦集仍是空白。為此，翻譯一部較完整的寧瑪巴《日常法行念誦次第》便是我的宿願了。 這次譯竟，圓滿了此一功德，總算了卻了我人生的一樁心願，唯願它給漢地金剛同道的修持能帶來方便，

唯願蓮師精神永久住世，利樂有情，促進民族團結：國家興旺，繁榮昌盛，社會和諧。

本書依據四川省德格印經院木刻版譯成漢文。在內容方面，譯文「銅色吉祥山吉祥祈願密道」及「初十功德祈請頌」二文的漢語義譯採用了西北民族大學研究所副研究員何天慧先生的譯文。在列印過程中，西北民族大學扎西才讓教授，不辭艱辛，對藏文部分準確校審；張文亮、沈星、賴志丹、張德全、張林諸仁者在前期列印、校對過程中，不辭辛勞，在人力、財力上大力支持，特此鳴謝。在語音方面基本採用安多藏語語音，同時兼顧康巴、拉薩語音，在此一併說明，不足之處，希望金剛同道及翻譯界朋友提出寶貴意見。

譯者於西元二零零三年九月

（一）七支皈依發心

༄༅། །སྐྱབས་སེམས་ཡན་ལག་བདུན།

佳森燕拉敦

མ་ནམ་མཁའ་དང་མཉམ་པའི་སེམས་ཅན་ཐམས་ཅད་དུས་རྟག་པར་བླ་མ་ལ་སྐྱབས་སུ་མཆིའོ།

瑪南卡當娘比森堅塔堅帝達巴爾喇嘛拉嘉蘇卻，

སངས་རྒྱས་ལ་སྐྱབས་སུ་མཆིའོ། ཆོས་ལ་སྐྱབས་སུ་མཆིའོ། དགེ་འདུན་ལ་སྐྱབས་སུ་མཆིའོ།

桑傑拉嘉蘇卻，切拉嘉蘇卻，格登拉嘉蘇卻，

ཡི་དམ་དཀྱིལ་འཁོར་གྱི་ལྷ་ཚོགས་འཁོར་དང་བཅས་པ་རྣམས་ལ་སྐྱབས་སུ་མཆིའོ།

伊達吉科爾吉拉措科爾當吉巴南拉嘉蘇卻。

〔**釋義**〕

共等虛空一切有情永遠皈依喇嘛金剛上師！皈依佛！皈依法！皈依僧！皈依本尊壇城聖眾及眷屬！

མཁའ་འགྲོ་ཆོས་སྐྱོང་སྲུང་མ་ཡི་ཤེས་ཀྱི།

卡卓切君數瑪伊希吉，

空行護法之智慧，

སྤྱན་དང་ལྡན་ཞིང་རྫུ་འཕྲུལ་གྱིས།

堅當旦香支車吉，

慧眼俱足以神通，

མཐུ་མངའ་བ་རྣམས་ལ་སྐྱབས་སུ་མཆིའོ།

頭敖哇南拉嘉蘇卻！

皈命威猛諸聖眾！

ནམ་མཁའ་གནས་སུ་ནམ་མཁའ་གང་བ་ཡི།

南卡內蘇南卡岡哇伊，

虛空遍處盡充滿，

བླ་མ་ཡི་དམ་མཁའ་འགྲོའི་ཚོགས་རྣམས་དང་།

喇嘛伊達卡卓措南當，

上師本尊空行眾，

སངས་རྒྱས་ཆོས་དང་འཕགས་པའི་དགེ་འདུན་ལ།

桑傑切當帕比格登拉，

佛法與聖僧伽中，

བདག་དང་འགྲོ་ཀུན་གུས་པས་སྐྱབས་སུ་མཆིའོ།

達當卓更格比嘉蘇卻。

我與普眾敬皈依。

བདག་དང་མཐའ་ཡས་སེམས་ཅན་རྣམས།

達當塔伊森堅南，

我與無邊諸有情，

ཡེ་ནས་སངས་རྒྱས་ཡིན་པ་ལ།

伊內桑傑音巴拉，

本是最初原始佛，

ཡིན་པར་ཤེས་པའི་བདག་ཉིད་དུ།

音巴爾希比達尼嘟，

是為了知我本性，

བྱང་ཆུབ་མཆོག་ཏུ་སེམས་བསྐྱེད་དོ།

香琪卻都森吉哆，

發心無上勝菩提，

སངས་རྒྱས་ཆོས་དང་ཚོགས་ཀྱི་མཆོག་རྣམས་ལ།

桑傑切當措吉卻南拉，

諸佛妙法眾中尊，

བྱང་ཆུབ་བར་དུ་བདག་ནི་སྐྱབས་སུ་མཆིའོ།

香琪哇爾嘟達尼嘉蘇卻！

乃至菩提我皈依！

བདག་གི་སྦྱིན་སོགས་བགྱིས་པའི་བསོད་ནམས་ཀྱིས།

達格興索吉比索南吉，

我今施捨諸福澤，

འགྲོ་ལ་ཕན་ཕྱིར་སངས་རྒྱས་འགྲུབ་པར་ཤོག

卓拉帕希桑傑智巴肖，

為利眾生願成佛，

འགྲོ་རྣམས་སྒྲོལ་འདོད་བསམ་པ་ཡིས།

卓南卓哆桑巴伊，

我欲普濟眾有情，

སངས་རྒྱས་ཆོས་དང་དགེ་འདུན་ལ།

桑傑切當格登拉，

佛陀聖法與僧伽，

བྱང་ཆུབ་སྙིང་པོ་མཆིས་ཀྱི་བར།

香琪娘布切吉哇爾，

菩提心中而俱足，

རྟག་པར་བདག་ཉིད་སྐྱབས་སུ་མཆིའོ།

達巴爾達尼嘉蘇卻，

我今永遠願皈依，

ཤེས་རབ་སྙིང་བརྗེ་དང་ལྡན་པས།

希饒娘則當旦比，

俱足智慧與慈悲，

བརྩོན་པས་སེམས་ཅན་དོན་དུ་བདག།

宗比森吉頓都達，

我今精進利有情，

སངས་རྒྱས་དྲུང་དུ་གནས་བྱས་ནས།

桑傑鐘都內希內，

我今所依眾尊前，

རྫོགས་པའི་སངས་རྒྱས་ཐོབ་པར་ཤོག།

佐比桑傑脫巴爾肖。

唯願證成圓滿佛。

སེམས་ཅན་ཐམས་ཅད་བདེ་བ་དང་བདེ་བའི་རྒྱུ་དང་ལྡན་པར་གྱུར་ཅིག།

森堅塔堅帝哇當帝哇吉當旦巴爾吉爾幾，

願諸有情具樂及樂因，

སེམས་ཅན་ཐམས་ཅད་སྡུག་བསྔལ་དང་སྡུག་བསྔལ་གྱི་རྒྱུ་དང་བྲལ་བར་གྱུར་ཅིག།

森堅塔堅嘟俄當嘟俄吉幾當扎哇爾吉爾吉,

願諸有情離苦及苦因,

སེམས་ཅན་ཐམས་ཅད་སྡུག་བསྔལ་མེད་པའི་བདེ་བ་དང་མི་བྲལ་བར་གྱུར་ཅིག

森堅塔堅都俄爾梅比帝哇當莫扎哇爾吉爾幾,

願諸有情永不離安樂,

སེམས་ཅན་ཐམས་ཅད་ཉེ་རིང་ཆགས་སྡང་དང་བྲལ་བའི་བཏང་སྙོམས་ཚད་མེད་པ་གནས་པར་གྱུར་ཅིག།

森堅塔堅尼讓恰當當扎比當娘叉梅巴内巴爾吉爾幾,

願諸有情遠離貪瞋無量平等住!

མ་ལུས་སེམས་ཅན་ཀུན་གྱི་མགོན་གྱུར་ཅིང་།

瑪裡森堅更吉貢吉爾江,

無餘有情依怙主,

བདུད་སྡེ་དཔུང་བཅས་མི་བཟད་འཇོམས་མཛད་ལྷ།

門帝虹吉莫薩君乍拉,

天空魔軍能摧壞,

དངོས་རྣམས་མ་ལུས་ཇི་བཞིན་མཁྱེན་གྱུར་པའི།

俄南瑪裡吉音欽吉爾比，

一切真實悉正知，

བཅོམ་ལྡན་འཁོར་བཅས་གནས་འདིར་གཤེགས་སུ་གསོལ།

覺旦科爾吉內德爾希蘇索，

祈降如來眷屬住，

བཅོམ་ལྡན་འཁོར་བཅས་གནས་འདིར་བྱིན་ལ་ལེགས།

覺旦科爾吉內德爾興拉拉，

佛與眷屬降臨處，

བདག་ཅག་འགྲོ་བ་བསོད་ནམས་སྐལ་བར་ལྡན།

達嘉卓哇索南嘎哇爾旦，

我等眾生有福澤，

བདག་གི་མཆོད་ཡོན་འདི་དག་བཞེས་ནས་ཀྱང་།

達格卻雲德達伊內江，

我福田享用如是，

འདི་ཉིད་དུ་ནི་བརྟན་པར་བཞུགས་སུ་གསོལ།

德尼都尼旦巴爾希蘇索。

唯此祈諸永久住。

ཇི་ལྟར་བལྟམས་པ་ཙམ་གྱིས་ནི།

吉達爾達巴乍吉尼？

為何如來降生時?

ལྷ་རྣམས་ཀྱིས་ནི་ཁྲུས་གསོལ་ལྟར།

拉南吉尼車索達爾，

是由諸天獻沐浴，

ལྷ་ཡི་ཆུ་ནི་དག་པ་ཡིས།

拉伊曲尼達巴伊，

今以諸淨聖妙水，

དེ་བཞིན་བདག་གིས་ཁྲུས་ཀྱིའོ།

帝音達格車吉俄，

由我如是作洗浴。

འདི་ནི་ཁྲུས་མཆོག་དཔལ་དང་ལྡན།

德尼車卻華當旦，

此者聖濯具吉祥，

ཐུགས་རྗེའི་ཆུ་ནི་བླ་ན་མེད།

頭吉曲尼拉納梅，

這慈悲水最無比，

བྱིན་རླབས་ཡེ་ཤེས་ཆུ་ཡིས་ནི།

興拉伊希曲伊尼，

以水賜加持智慧，

ཅི་འདོད་དངོས་གྲུབ་སྩོལ་བར་མཛོད།

吉哆俄智佐哇爾佐，

唯願賜一切悉地。

སྲབ་འཇམ་ཡང་པ་ལྷ་ཡི་གོས།

莎嘉央巴拉伊格，

輕薄柔軟美天衣，

མི་བཤིགས་རྡོ་རྗེ་སྐུ་ལ་ནི།

莫希多傑格拉尼，

不壞金剛身上穿，

མི་ཕྱེད་དད་པས་བདག་འབུལ་ན།

莫希達比達布納，

信仰不離我呈獻，

བདག་ཀྱང་རྡོ་རྗེ་སྐུ་ཐོབ་ཤོག །

達江多傑格妥肖。

唯願我證身金剛。

（二）供曼扎

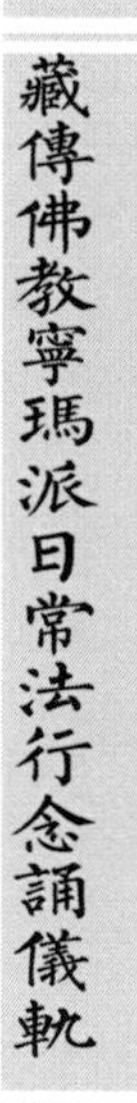

མཎྜལ།

曼扎波

རིན་ཆེན་མཎྜལ་ཡིད་འོང་མཆོད་པའི་སྤྲིན།

仁欽曼扎伊溫卻比貞，

珍寶曼扎如意供養雲，

རྒྱལ་བའི་འབྱོར་ཚོགས་དཔག་མེད་མདངས་ལྡན་པ།

嘉比覺措華美當旦巴，

佛界富足具無量光彩，

དཔག་ཡས་ནམ་མཁའི་རྒྱན་འབྱོར་འདི་ཕུལ་བས།

華伊南卡見覺帝頗威，

無盡虛空莊嚴圓滿供，

རང་བཞིན་སྤྲུལ་སྐུའི་ཞིང་ལ་སྤྱོད་པར་ཤོག

讓音智格香拉覺巴爾肖。

唯願受用自性化身田。

འོག་མིན་བདེ་ཆེན་རིན་ཆེན་གཞལ་ཡས་ཁང་།

敖門帝欽仁欽夏伊康，

密嚴刹土珍寶無量宮，

སྣ་ཚོགས་མཆོད་པའི་སྤྲིན་ཕུང་བླ་བྲེ་བརྒྱན།

那措卻比貞彭拉貞見，

各種供雲堆集飾華蓋，

ནམ་མཁའ་གང་བར་དམིགས་ཏེ་ཕུལ་བ་ཡིས།

南卡岡哇爾莫帝頗哇伊，

虛空遍滿境相我呈獻，

ལྷུན་གྲུབ་ལོངས་སྐུའི་ཞིང་ལ་སྤྱོད་པར་ཤོག

林智龍格香拉覺巴爾肖。

唯願任運成就報身刹。

འོད་གསལ་ལྷུན་གྲུབ་ཡེ་ཤེས་རིགས་ལྔའི་ཞིང་།

敖薩林智伊希惹俄香，

光明任運成就五智刹，

སྐུ་དང་ཐིག་ལེའི་ཡེ་ནས་བརྒྱན་པ་འདི།

格當台裡伊內堅巴德，

這身和明點最初莊嚴，

རང་སྣང་དག་པར་ལེགས་པར་ཕུལ་བ་ཡིས།

讓囊達巴拉巴普哇伊，

自相清淨用以妙善呈，

ཀུན་བཟང་ཆོས་སྐུའི་ཞིང་ལ་སྤྱོད་པར་ཤོག

格桑切格香拉覺巴爾肖！

唯願受用普賢法身剎！

ས་གཞི་སྤོས་ཆུས་བྱུགས་ཤིང་མེ་ཏོག་བཀྲམ།

薩伊白曲希香梅朵扎，

大地塗香敷妙花，

རི་རབ་གླིང་བཞི་ཉི་ཟླས་བརྒྱན་པ་འདི།

惹讓朗伊尼達堅巴德，

須彌四周嚴日月，

སངས་རྒྱས་ཞིང་དུ་དམིགས་ཏེ་ཕུལ་བ་ཡིས།

桑傑香都莫帝普哇伊，

觀為佛土我供獻，

འགྲོ་ཀུན་རྣམ་དག་ཞིང་ལ་སྤྱོད་པར་ཤོག

卓格南達香拉覺巴爾肖，

普眾願受清淨土。

མཉེས་ཕྱིར་མཎྜལ་བཟང་པོ་འདི་ཕུལ་བས།

尼希曼扎桑布德普威，

歡喜曼扎妙善我供養，

供曼扎

བྱང་ཆུབ་ལམ་ལ་བར་ཆད་མི་འབྱུང་ཞིང་།

香琪拉木拉哇爾恰莫君香，

菩提道中法障永不生，

དུས་གསུམ་རྒྱལ་བའི་གོ་འཕང་རྫོགས་པ་དང་།

德松嘉比果旁佐巴當，

三世諸佛一切勝果位，

སྲིད་པར་མི་འཁྲུལ་ཞི་བར་མི་གནས་ཤིང་།

思巴爾莫出希哇爾莫內香，

輪迴不惑無所住涅槃，

ནམ་མཁའ་དང་མཉམ་པའི་འགྲོ་རྣམས་སྒྲོལ་བར་ཤོག

南卡當娘比卓南卓巴爾肖，

正等虛空諸眾得解脫，

ཕྱག་འཚལ་བ་དང་མཆོད་ཅིང་བཤགས་པ་དང་།

夏叉哇當卻江夏巴當，

頂禮供獻我懺悔罪障，

རྗེས་སུ་ཡི་རང་བསྐུལ་ཞིང་གསོལ་བ་ཡི།

吉蘇伊讓格香索哇伊，

隨喜摧勵而且作啟白，

དགེ་བ་ཅུང་ཟད་བདག་གིས་ཅི་བསགས་པ།

格哇君薩達格吉薩巴，

唯有善行我一切積集，

ཐམས་ཅད་བདག་གིས་བྱང་ཆུབ་ཕྱིར་བསྔོའོ།

塔堅達格香琪希爾俄敖。

一切由我為菩提迴向。

供曼扎

ཕྱག་བྱར་འོས་པ་ཐམས་ཅད་ལ།

夏霞爾厄巴塔堅拉，

一切應頂禮三寶，

ཞིང་རྡུལ་ཀུན་གྱི་གྲངས་སྙེད་ཀྱི།

香都格吉彰尼吉，

一切剎塵盡有數，

ལུས་བཏུད་པ་ཡིས་རྣམས་ཀུན་ཏུ།

列都巴伊南格都，

以身頂禮普一切，

མཆོད་ཏུ་དད་པས་ཕྱག་འཚལ་བསྟོད་པར་བགྱི།།

卻都達比夏叉哆巴爾吉，

敬信頂禮我讚頌。

（三）普賢行願品

འཕགས་པ་བཟང་པོ་སྤྱོད་པའི་སྨོན་ལམ་གྱི་རྒྱལ་པོ་སྟེ
་དོ་སྟེ་ཞིག

帕巴桑布覺比門拉木吉嘉布帝哆帝希

ཇི་སྙེད་སུ་དག་ཕྱོགས་བཅུའི་འཇིག་རྟེན་ན།

吉尼蘇達肖吉幾旦那，

所有十方世界中，

དུས་གསུམ་གཤེགས་པ་མི་ཡི་སེང་གེ་ཀུན།

德松爵巴莫伊桑格更，

三世一切人獅子，

བདག་གིས་མ་ལུས་དེ་དག་ཐམས་ཅད་ལ།

達格瑪列帝達塔堅拉，

我今無餘盡所有，

ལུས་དང་ངག་ཡིད་དང་བས་ཕྱག་བགྱིའོ།

列當俄伊當威夏吉敖，

以身語意我頂禮。

བཟང་པོ་སྤྱོད་པའི་སྨོན་ལམ་སྟོབས་དག་གིས།

桑布覺比萌拉木哆達格，

妙行發願一切力，

普賢行願品

རྒྱལ་བ་ཐམས་ཅད་ཡིད་ཀྱིས་མངོན་སུམ་དུ།

嘉哇塔堅伊吉俄松都，

一切佛子真實意，

ཞིང་གིས་རྡུལ་སྙེད་ལུས་རབ་བཏུད་པ་ཡིས།

香格都尼列熱都巴伊，

以刹塵身盡頂禮。

རྒྱལ་བ་ཀུན་ལ་རབ་ཏུ་ཕྱག་འཚལ་ལོ།

嘉哇更拉日阿都夏叉洛！

恭敬頂禮一切佛！

རྡུལ་གཅིག་སྟེང་ན་རྡུལ་སྙེད་སངས་རྒྱས་རྣམས།

都吉當那都尼桑傑南，

一塵之上塵數佛，

སངས་རྒྱས་སྲས་ཀྱི་དབུས་ན་བཞུགས་པ་དག

桑傑室吉威那希巴達，

各處菩薩眾會中，

དེ་ལྟར་ཆོས་ཀྱི་དབྱིངས་རྣམས་མ་ལུས་པ།

帝達爾切吉央南瑪列巴，

如是法界盡無餘，

ཐམས་ཅད་རྒྱལ་བ་དག་གིས་གང་བར་མོས།

塔堅嘉哇達格岡哇爾咪，

一切諸佛遍充滿，

དེ་དག་བསྔགས་པ་མི་ཟད་རྒྱ་མཚོ་རྣམས།

帝達俄巴莫薩嘉措南，

皆以無盡贊諸海，

དབྱངས་ཀྱི་ཡན་ལག་རྒྱ་མཚོའི་སྒྲ་ཀུན་གྱིས།

央吉燕拉嘉措扎更吉，

妙音分支大海聲，

རྒྱལ་བ་ཀུན་གྱི་ཡོན་ཏན་རབ་བརྗོད་ཅིང་།

嘉哇更吉雲旦日阿覺江，

普贊諸佛功德海，

བདེ་བར་གཤེགས་པ་ཐམས་ཅད་བདག་གིས་བསྟོད།

帝哇希巴塔堅達格哆。

一切如來我讚頌。

མེ་ཏོག་དམ་པ་ཕྲེང་བ་དམ་པ་དང་།

美哆達巴昌哇達巴當，

以諸最勝妙華鬘，

སིལ་སྙན་རྣམས་དང་བྱུག་པ་གདུགས་མཆོག་དང་།

思寧南當希巴都卻當，

伎樂塗香聖華蓋，

མར་མེ་མཆོག་དང་བདུག་སྤོས་དམ་པ་ཡིས།

瑪爾梅卻當都慧達巴伊，

最勝酥油燈薰香，

རྒྱལ་བ་དེ་དག་ལ་ནི་མཆོད་པར་བགྱི།

嘉哇帝達拉尼卻巴爾吉，

供養彼尊諸如來，

ན་བཟའ་དམ་པ་རྣམས་དང་དྲི་མཆོག་དང་།

那薩達巴南當智卻當，

淨妙衣飾殊妙香，

ཕྱེ་མ་ཕུར་མ་རི་རབ་མཉམ་པ་དང་།

希瑪普瑪惹日阿娘巴當，

粉末香囊尊須彌，

བཀོད་པ་ཁྱད་པར་འཕགས་པའི་མཆོག་ཀུན་གྱིས།

果巴恰巴爾帕比卻更吉，

以此最勝莊嚴具，

རྒྱལ་བ་དེ་དག་ལ་ནི་མཆོད་པར་བགྱི།

嘉哇帝達拉尼卻巴爾吉。

我悉供養諸如來。

མཆོད་པ་གང་རྣམས་བླ་མེད་རྒྱ་ཆེ་བ།

卻巴岡南木拉梅嘉切哇，

供養殊勝而廣大，

དེ་དག་རྒྱལ་བ་ཐམས་ཅད་ལ་ཡང་མོས།

帝達嘉哇塔堅拉央咪，

敬信一切三世佛，

བཟང་པོ་སྤྱོད་ལ་དད་པའི་སྟོབས་དག་གིས།

桑烏覺拉達比哆達格，

悉以普賢行願力，

རྒྱལ་བ་ཀུན་ལ་ཕྱག་འཚལ་མཆོད་པར་བགྱི།

嘉哇更拉夏叉卻巴爾吉。

頂禮供養諸如來。

འདོད་ཆགས་ཞེ་སྡང་གཏི་མུག་དབང་གིས་ནི།

哆恰希當德母旺格尼，

我昔因由貪瞋癡，

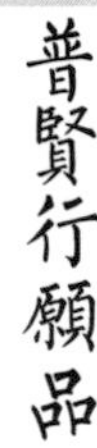

ལུས་དང་ངག་དང་དེ་བཞིན་ཡིད་ཀྱིས་ཀྱང་།

列當俄當帝音伊吉江，

身語意造諸惡業，

སྡིག་པ་བདག་གིས་བགྱིས་པ་ཅི་མཆིས་པ།

帝巴達格吉巴季其巴，

由我罪業盡所有，

དེ་དག་ཐམས་ཅད་བདག་གིས་སོ་སོར་བཤགས།

帝達塔堅達格索索爾夏！

今諸一切皆懺悔！

ཕྱོགས་བཅུའི་རྒྱལ་བ་ཀུན་དང་སངས་རྒྱས་སྲས།

肖吉嘉哇更當桑傑舍，

十方如來與菩薩，

རང་རྒྱལ་རྣམས་དང་སློབ་དང་མི་སློབ་དང་།

讓嘉南木當洛當莫洛當，

獨覺有學與無學，

འགྲོ་བ་ཀུན་གྱི་བསོད་ནམས་གང་ལ་ཡང་།

卓哇更吉索南岡拉央，

一切有情皆福澤，

དེ་དག་ཀུན་གྱི་རྗེས་སུ་བདག་ཡི་རང་།

帝達更吉傑蘇達伊讓。

一切功德皆隨喜。

གང་རྣམས་ཕྱོགས་བཅུའི་འཇིག་རྟེན་སྒྲོན་མ་རྣམས།

岡南肖吉吉旦鐘瑪南，

十方所有世間燈，

བྱང་ཆུབ་རིམ་པར་སངས་རྒྱས་མཆོག་ས་བརྙེས།

香琪仁巴爾桑傑卻薩尼，

菩提次第佛證得，

མགོན་པོ་དེ་དག་བདག་གིས་ཐམས་ཅད་ལ།

貢布帝達達格塔堅拉，

一切怙主我祈請，

འཁོར་ལོ་བླ་ན་མེད་པར་བསྐོར་བར་བསྐུལ།

科洛拉納美巴果哇格，

摧勵無上輪轉動，

མྱ་ངན་འདའ་སྟོན་གང་བཞེད་དེ་དག་ལ།

娘俄達冬岡伊帝達拉，

諸佛若許示涅槃，

འགྲོ་བ་ཀུན་ལ་ཕན་ཞིང་བདེ་བའི་ཕྱིར།

卓哇更拉盤香帝威希爾，

利樂一切有情故，

བསྐལ་པ་ཞིང་གི་རྡུལ་སྙེད་བཞུགས་པར་ཡང་།

嘎巴香格德尼希巴爾央，

唯願常住剎塵劫，

བདག་གིས་ཐལ་མོ་རབ་སྦྱར་གསོལ་བར་བགྱི།

達格塔姆日阿嘉索哇吉，

由我合掌作祈禱，

ཕྱག་འཚལ་བ་དང་མཆོད་ཅིང་བཤགས་པ་དང་།

夏叉哇當卻江夏巴當，

頂禮供養而懺悔，

རྗེས་སུ་ཡི་རང་བསྐུལ་ཞིང་གསོལ་བ་ཡི།

吉蘇伊讓格香索哇伊，

隨喜催勸與祈請，

དགེ་བ་ཅུང་ཟད་བདག་གིས་ཅི་བསགས་པ།

格哇君薩達格吉薩巴，

所積微妙諸善行，

ཐམས་ཅད་བདག་གིས་བྱང་ཆུབ་ཕྱིར་བསྔོའོ།།

塔堅達格香琪希爾俄敖。

為證菩提我迴向。

普賢行願品

（四）三十七供

མཎྜལ་ཕུལ་བ།

曼扎波松吉索登

ཨོཾ་བཛྲ་བྷཱུ་མི་ཨཱཿཧཱུྃ།

唵貝雜爾布莫阿吽

གཞི་ཡོངས་སུ་དག་པ་དབང་ཆེན་གསེར་གྱི་ས་གཞི།

伊雲蘇達巴旺欽賽爾吉薩伊。

遍基清淨大自在金剎。

ཨོཾ་བཛྲ་རེ་ཁེ་ཨཱཿཧཱུྃ།

唵貝雜爾熱喀阿吽。

ཕྱི་ལྕགས་རི་ཁོར་ཡུག་གིས་བསྐོར་བའི་དབུས་སུ་ཧཱུྃ།

希嘉熱科爾隅格果爾威微蘇吽，

外鐵圍山環繞，

རིའི་རྒྱལ་པོ་རི་རབ། ཤར་ལུས་འཕགས་པོ།

惹嘉波惹日阿布，夏日列帕波，

中央須彌山王，東勝身洲，

ལྷོ་འཛམ་བུ་གླིང་། ནུབ་བ་ལང་སྤྱོད།

洛乍烏林，努哇朗覺，

南贍部洲，西牛賀洲，

བྱང་སྒྲ་མི་སྙན། ཤར་དུ་ལུས་དང་ལུས་འཕགས།

香扎莫拈，夏爾嘟列當列帕，

北俱盧洲，身洲及勝身洲，

ལྷོར་རྔ་ཡབ་དང་རྔ་ཡབ་གཞན།

洛爾俄雅當俄雅燕，

拂洲及別拂洲，

ནུབ་ཏུ་གཡོ་ལྡན་དང་ལམ་མཆོག་འགྲོ།

努都約旦當拉木卻卓，

行洲及勝道行洲，

བྱང་དུ་སྒྲ་མི་སྙན་དང་སྒྲ་མི་སྙན་གྱི་ཟླ།

香都扎莫拈當扎莫拈吉達，

惡音洲及對惡音洲，

རིན་པོ་ཆེའི་རི་བོ། དཔག་བསམ་གྱི་ཤིང་།

仁波切惹烏，巴桑吉香，

珍寶山，如意樹，

འདོད་འཇོའི་བ། མ་རྨོས་པའི་ལོ་ཏོག།

哆覺哇，梅米比洛哆，

如意牛，自然稻，

འཁོར་ལོ་རིན་པོ་ཆེ། ནོར་བུ་རིན་པོ་ཆེ།

科爾洛仁波切，努爾烏仁波切，

輪寶，如意寶，

བཙུན་མོ་རིན་པོ་ཆེ། བློན་པོ་རིན་པོ་ཆེ།

贊母仁波切，龍布仁波切，

宮女寶，大臣寶，

གླང་པོ་རིན་པོ་ཆེ། རྟ་མཆོག་རིན་པོ་ཆེ།

仁波朗波仁波切，達卻旦，

象寶，馬寶，

དམག་དཔོན་རིན་པོ་ཆེ། གཏེར་ཆེན་བུམ་པ།

莫苯仁波切，帝爾欽苯巴，

將軍寶，寶藏瓶，

སྒེག་པ་མ། ཕྲེང་བ་མ། གླུ་མ། གར་མ།

格巴瑪、昌哇瑪、勒瑪、噶爾瑪，

嬉女、鬘女、歌女、舞女，

མེ་ཏོག་མ། བདུག་སྤོས་མ། སྣང་གསལ་མ།

梅哆瑪、都拜瑪、囊薩瑪，

持花女、持香女、持燈女，

དྲི་ཆབ་མ། ཉི་མ། ཟླ་བ། རིན་པོ་ཆེའི་གདུགས།

智恰瑪、尼瑪、達哇、仁波切嘟，

塗香女、日、月、寶蓋，

ཕྱོགས་ལས་རྣམ་པར་རྒྱལ་བའི་རྒྱལ་མཚན།

肖列南巴爾嘉威嘉木參。

尊勝幢。

ལྷ་དང་མིའི་དཔལ་འབྱོར་ཕུན་སུམ་ཚོགས་པ་མ་ཚ
ང་བ་མེད་པ་འདི་ཉིད་རྩ་བ་དང་བརྒྱུད་པར་བཅས
་པའི་དཔལ་ལྡན་བླ་མ་དམ་པའི་རྣམས་དང་ཡི་དམ
་དཀྱིལ་འཁོར་གྱི་ལྷ་ཚོགས་སངས་རྒྱས་དང་བྱང་ཆུ
བ་སེམས་དཔའི་ཚོགས་དང་བཅས་པ་རྣམས་ལ་ད
བུལ་བར་བགྱིའོ།

拉當莫巴覺爾彭松措巴瑪倉哇梅巴，德尼乍哇當，吉巴爾吉比，巴旦喇嘛達巴南木當，伊達木吉科爾吉，拉措桑傑當，香琪賽華，措當吉巴南木拉波哇爾吉敖！

唯此人天富足無不圓滿俱足，俱根本傳承威德上師及諸大德、本尊壇城聖眾、佛菩薩眾、及諸眷屬而作供養。

ཐུགས་རྗེས་འགྲོ་བའི་དོན་དུ་བཞེས་སུ་གསོལ།

陀吉卓威冬都希蘇索，

悲憫祈請利有情，

བཞེས་ནས་བྱིན་གྱིས་བརླབ་ཏུ་གསོལ།

希內興吉拉都索，

受用祈請垂加護，

ས་གཞི་སྤོས་ཆུས་བྱུགས་ཤིང་མེ་ཏོག་བཀྲམ།

薩伊白曲希香梅朵扎，

大地塗香敷妙花，

རི་རབ་གླིང་བཞི་ཉི་ཟླས་བརྒྱན་པ་འདི།

惹日阿林伊尼達堅巴德，

須彌四周嚴日月，

སངས་རྒྱས་ཞིང་དུ་དམིགས་ཏེ་ཕུལ་བ་ཡིས།

桑傑香都莫帝普哇伊，

所緣佛土作供獻，

འགྲོ་ཀུན་རྣམ་དག་ཞིང་ལ་སྤྱོད་པར་ཤོག །

卓更南達香拉覺巴爾肖。

有情願受清淨剎。

持誦曼扎咒：

ཛཾ་གུ་རུ་རཏྣ་མཎྜལ་པཱུ་ཛ་མེ་གྷ་ས་མུ་དྲ་ས་པ་ར་ཎ་ས་མ་ཡེ་ཨཱཿཧཱུྃ༔

扎格惹日阿那曼扎拉勃作梅噶薩莫扎薩巴日阿那薩瑪耶阿吽。

（五）釋迦牟尼佛十二法行

སྟོན་པ་མཛད་པ་བཅུ་གཉིས།

冬巴作巴吉尼

ཐབས་མཁས་ཐུགས་རྗེ་ཤཱཀྱའི་རིགས་སུ་འཁྲུངས།

塔楷頭吉釋迦仁蘇沖，

善巧悲憫釋迦種姓生，

གཞན་གྱིས་མི་ཐུབ་བདུད་ཀྱི་དཔུང་འཇོམས་པ།

燕吉莫陀都吉奔覺巴，

無敵魔眾盡一切降伏，

གསེར་གྱི་ལྷུན་པོ་ལྟ་བུར་བརྗིད་པའི་སྐུ།

賽吉林波達烏爾吉比格，

猶如金妙高山雄姿身，

ཤཱཀྱའི་རྒྱལ་པོ་ཁྱོད་ལ་ཕྱག་འཚལ་ལོ།

釋迦嘉烏喬拉夏叉洛！

虔誠頂禮釋迦牟尼佛！

གང་གི་དང་པོར་བྱང་ཆུབ་ཐུགས་བསྐྱེད་ནས།

岡格當烏香琪陀吉內，

最初一切菩提心生起，

བསོད་ནམས་ཡེ་ཤེས་ཚོགས་གཉིས་རྫོགས་མཛད་ཅིང་།

索南伊希措尼佐作江，

福德智慧圓滿二資糧，

དུས་འདིར་མཛད་པ་རྒྱ་ཆེན་འགྲོ་བ་ཡི།

德帝爾乍巴嘉欽卓哇伊，

今世法行為廣大有情，

མགོན་གྱུར་ཁྱོད་ལ་བདག་གིས་བསྟོད་པར་བགྱི།

貢吉爾喬拉達格哆巴爾吉。

由我讚頌依怙護法您。

ལྷ་རྣམས་དོན་མཛད་འདུལ་བའི་དུས་མཁྱེན་ནས།

拉南木冬乍都威德欽內，

諸天降伏作用了知時，

ལྷ་རྣམས་བབས་ནས་གླང་ཆེན་ལྟར་གཤེགས་ཤིང་།

拉南哇內朗欽達爾希香，

猶如從天而降大象來，

རིགས་ལ་གཟིགས་ནས་ལྷ་མོ་སྒྱུ་འཕྲུལ་མ།

仁拉示內拉母吉赤瑪，

見種姓身佛母摩耶尊，

ལྷུམས་སུ་ཞུགས་པར་མཛད་ལ་ཕྱག་འཚལ་ལོ།

勒木蘇希巴爾乍拉夏叉洛！

恭敬頂禮佛母腹懷胎！

ཟླ་བ་བཅུ་རྫོགས་ཤཱཀྱའི་སྲས་པོ་ནི།

達哇吉佐釋迦舍波尼，

十月懷胎圓滿釋迦子，

བཀྲ་ཤིས་ལུམྦིའི་ཚལ་དུ་བལྟམས་པའི་ཚེ།

扎西鹿母叉都達木比次，

吉祥鹿母苑中降生時，

ཚངས་དང་བརྒྱ་བྱིན་གྱིས་བཏུད་མཚན་མཆོག་ནི།

倉當嘉興吉都參卻尼，

梵天帝釋頂禮聖名號，

བྱང་ཆུབ་རིགས་སུ་ངེས་མཛད་ཕྱག་འཚལ་ལོ།

香琪仁蘇厄作夏叉洛！

頂禮一定修行菩提種！

གཞོན་ནུ་སྟོབས་ལྡན་མི་ཡི་སེང་གེ་དེས།

雲努哆旦莫伊桑格帝，

由是具童子力人獅子，

ཨ་ངྒ་མ་ངྒ་དྷ་ར་ནི་སྒྱུ་རྩལ་བསྟན།

阿嘎瑪嘎達爾尼吉作旦，

所取淨水作供現神變，

སྐྱེ་བོ་དྲེགས་པ་ཅན་རྣམས་ཚར་བཅད་ནས།

吉烏扎巴堅南木查爾嘉內，

人類諸種嬌慢制伏後，

འགྲན་ཟླ་མེད་པར་མཛད་ལ་ཕྱག་འཚལ་ལོ།

詹達梅巴爾乍拉夏叉洛！

頂禮無與倫比聖法行！

འཇིག་རྟེན་ཆོས་དང་མཐུན་པར་བྱ་བ་དང་།

吉旦切當彤巴爾夏哇當，

與世間法事業而隨順，

ཁ་ན་མ་ཐོ་སྤང་ཕྱིར་བཙུན་མོ་ཡི།

卡那瑪陀榜希爾贊母伊，

為了淨除王妃之罪過，

འཁོར་དང་ལྷན་མཛད་ཐབས་ལ་མཁས་པ་ཡི།

科爾當旦乍塔拉凱巴伊，

與眷屬具修持方便法，

རྒྱལ་སྲིད་སྐྱོང་བར་མཛད་ལ་ཕྱག་འཚལ་ལོ།

嘉詩君哇爾乍拉夏叉洛！

恭敬頂禮法行護國政！

འཁོར་བའི་བྱ་བར་སྙིང་པོར་མེད་གཟིགས་ནས།

科爾威夏哇爾寧波爾梅詩內，

往復事業照見無實質，

ཁྱིམ་ནས་བྱུང་སྟེ་མཁའ་ལ་གཤེགས་ནས་ཀྱང་།

恰內雄帝卡拉希內江，

宮室生起虛空中而去，

མཆོད་རྟེན་རྣམ་དག་དྲུང་དུ་ཉིད་ལས་ཉིད།

卻旦南達鐘都尼列尼，

只此本身清淨佛塔前，

རབ་ཏུ་བྱུང་བར་མཛད་ལ་ཕྱག་འཚལ་པས།

惹都雄哇爾乍拉夏叉比！

虔誠頂禮勝生之法行！

བརྩོན་པས་བྱང་ཆུབ་སྒྲུབ་པར་དགོངས་ནས་ནི།

宗比香琪智巴爾貢內尼，

精進菩提修行密意後，

ནཻ་ར་ཛཱ་ནའི་འགྲམ་དུ་ལོ་དྲུག་ཏུ།

尼日阿乍納扎都洛智都，

尼日阿乍納雪山住六年，

དཀའ་བ་སྤྱོད་མཛད་བརྩོན་འགྲུས་མཐར་ཕྱིན་པས།

嘎哇嘉乍宗哲塔興比，

苦行精進般若波羅蜜，

བསམ་གཏན་མཆོག་བརྙེས་མཛད་ལ་ཕྱག་འཚལ་ལོ།

桑旦卻尼乍拉夏叉洛！

頂禮殊勝禪定聖法行！

ཐོག་མ་མེད་ནས་འབད་པ་དོན་ཡོད་ཕྱིར།

陀瑪梅內跋巴冬優希爾，

無始以來精進不唐捐，

མ་གྷ་དྷ་ཡི་བྱང་ཆུབ་ཤིང་དྲུང་དུ།

瑪噶達伊香琪香鐘都，

供功德水菩提樹跟前，

སྐྱིལ་ཀྲུང་མི་གཡོ་མངོན་པར་སངས་རྒྱས་ནས།

吉鐘莫優俄巴爾桑傑內，

不動跏趺如來定現前，

བྱང་ཆུབ་རྫོགས་པར་མཛད་ལ་ཕྱག་འཚལ་ལོ།

香琪佐巴爾乍拉夏叉洛！

虔誠頂禮菩提圓滿行！

ཐུགས་རྗེས་འགྲོ་ལ་མྱུར་དུ་གཟིགས་ནས་ནི།

陀吉卓拉紐爾都詩內尼，

悲憫情眾疾速而照見，

ཝ་ར་ཎཱ་སི་ལ་སོགས་གནས་མཆོག་ཏུ།

哇日阿納斯拉索內卻都，

波羅奈斯之中殊勝住，

ཆོས་ཀྱི་འཁོར་ལོ་བསྐོར་ནས་གདུལ་བྱ་རྣམས།

切吉科爾洛果爾內都夏南，

轉動法輪調伏諸眾生，

ཐེག་པ་གསུམ་ལ་འགོད་མཛད་ཕྱག་འཚལ་ལོ།

乘巴松拉果乍夏叉洛！

虔誠頂禮三乘中安立！

གཞན་གྱིས་རྒོལ་བ་ངན་པ་ཚར་བཅད་ཕྱིར།

燕吉果哇俄巴擦爾嘉希，

以彼抗擊邪惡盡懲治，

མུ་སྟེགས་སྟོན་པ་དྲུག་དང་ལྷས་བྱིན་སོགས།

莫達冬巴智當裡興索，

外道六師①和提婆達哆②，

འཁོར་མོ་འཇིག་གི་ཡུལ་དུ་བདུད་རྣམས་བཏུལ།

科爾母吉格隅都鬥南都，

輪迴怖畏之地伏眾魔，

ཐུབ་པ་གཡུལ་ལས་རྒྱལ་ལ་ཕྱག་འཚལ་ལོ།

陀巴隅列嘉拉夏叉洛！

虔誠頂禮能仁得勝鼓！

སྲིད་པ་གསུམ་ན་དཔེ་མེད་ཡོན་ཏན་གྱི།

詩巴松納惠梅雲旦吉，

在三世間功德不可比，

མཉན་དུ་ཡོད་པར་ཆོ་འཕྲུལ་ཆེན་པོ་བསྟན།

年都優巴爾卻赤欽波旦，

舍衛城中示現大神變，

ལྷ་མི་འགྲོ་བ་ཀུན་གྱི་རབ་མཆོད་པ།

拉姆卓哇更吉日阿卻巴，

一切天人有情皆供養，

བསྟན་ལ་རྒྱས་པར་མཛད་ལ་ཕྱག་འཚལ་ལོ།

旦拉吉巴爾乍拉夏叉洛！

虔誠頂禮佛法得昌盛！

ལེ་ལོ་ཅན་རྣམས་ཆོས་ལ་བསྐུལ་བྱའི་ཕྱིར།

勒洛堅南切拉勾夏希，

諸眾懈怠法中催勵故，

རྩ་མཆོག་གྲོང་གི་ས་གཞི་གཙང་མ་རུ།

乍卻鐘格薩伊藏瑪惹，

本殊勝宮地基之潔淨，

འཆི་མེད་རྡོ་རྗེ་ལྟ་བུའི་སྐུ་གཤེགས་ནས།

琪梅多傑達烏格夏內，

猶如不死金剛身行走，

སྙིང་ནས་འདའ་བར་མཛད་ལ་ཕྱག་འཚལ་ལོ།

娘俄達哇爾乍拉夏叉洛！

虔誠頂禮法行離苦厄！

ཡང་དག་ཉིད་དུ་འཇིགས་པ་མེད་ཕྱིར་དང་།

央達尼都吉巴梅希當，

僅此本身真實無畏故，

མ་འོངས་སེམས་ཅན་བསོད་ནམས་ཐོབ་བྱའི་ཕྱིར།

瑪敖賽堅索南陀夏希，

證得未來有情福澤故，

དེ་ཉིད་དུ་ནི་རིང་བསྲེལ་མང་སྤྲུལ་ནས།

帝尼都尼讓舍芒智內，

正是如此多幻化舍利，

སྐུ་གདུང་ཆ་བརྒྱད་མཛད་ལ་ཕྱག་འཚལ་ལོ།

格冬恰嘉乍拉夏叉洛！

頂禮骨舍利之八支分！

གང་ཚེ་རྐང་གཉིས་གཙོ་བོ་ཁྱོད་བལྟམས་ཚེ།

岡次岡尼佐烏喬達次，

一時兩足尊您降生時，

ས་ཆེན་འདི་ལ་གོམ་པ་བདུན་བོར་ནས།

薩欽都拉果木巴登烏爾內，

這土地中戒除七種習，

ང་ནི་འཇིག་རྟེན་འདི་ན་མཆོག་ཅེས་གསུངས།

俄尼吉旦德納卻吉松，

我在這世如是殊勝言，

དེ་次མཁས་པ་ཁྱོད་ལ་ཕྱག་འཚལ་ལོ།

帝次開巴喬拉夏叉洛！

頂禮今世您善巧方便！

དང་པོ་དགའ་ལྡན་ལྷ་ཡི་ཡུལ་ནས་བྱོན།

當烏嘎旦拉伊隅內興，

首先降臨兜率天聖地，

རྒྱལ་པོའི་ཁབ་ཏུ་ཡུམ་གྱི་ལྷུམས་སུ་བཞུགས།

嘉烏卡都隅吉勒蘇秀，

王舍城中而入佛母③胎，

ལུམྦི་ནི་ཡི་ཚལ་དུ་ཐུབ་པ་བལྟམས།

勒母尼伊叉都陀巴達，

鹿野苑中能仁而降生，

བཅོམ་ལྡན་ལྷ་ཡི་ལྷ་ལ་ཕྱག་འཚལ་ལོ།

覺旦拉伊拉喇夏叉洛！

頂禮世尊有壞尊中尊！

གཞལ་ཡས་ཁང་དུ་མ་མ་བརྒྱད་བཞིས་མཆོད།

雅伊康都瑪瑪嘉伊卻，

越量宮中乳母八四供，

ཤཱཀྱའི་གྲོང་དུ་གཞོན་ནུས་རོལ་རྩེད་མཛད།

釋迦鐘都雲努若則乍，

釋迦宮中童子作嬉戲，

སེར་སྐྱའི་གནས་སུ་ས་འཚོ་ཁབ་ཏུ་བཞེས།

賽嘉內蘇薩措卡都希，

僧俗住處使用護摩木，

སྲིད་གསུམ་མཚུངས་མེད་སྐུ་ལ་ཕྱག་འཚལ་ལོ།

詩松瑰梅格拉夏叉洛！

三世不同身前我頂禮！

གྲོང་ཁྱེར་སྒོ་བཞིར་སྐྱོ་བའི་ཚུལ་བསྟན་ནས།

仲切果伊覺威次旦內，

宮城四門出離狀況現，

མཆོད་རྟེན་རྣམ་དག་དྲུང་དུ་དབུ་སྐྲ་བསིལ།

卻旦南達仲都烏扎森，

清淨佛塔之前而落髮，

ནཻ་རཉྫ་ནའི་འགྲམ་དུ་དཀའ་ཐུབ་མཛད།

尼日乍納扎都嘎陀乍，

尼日乍納雪山修苦行，

སྒྲིབ་གཉིས་སྐྱོན་དང་བྲལ་ལ་ཕྱག་འཚལ་ལོ།

智尼君當扎拉夏叉洛！

頂禮脫離二障與過失！

རྒྱལ་པོའི་ཁབ་ཏུ་གླང་ཆེན་སྨྱོན་པ་བཏུལ།

嘉波卡都朗欽娘哇都，

王舍城中馴服瘋狂象，

ཡངས་པ་ཅན་དུ་སྤྲེའུས་སྦྲང་རྩི་ཕུལ།

央哇堅都智唉章資帕，

廣嚴城④中沙地供蜂蜜，

མ་ག་དྷ་རུ་ཐུབ་པ་མངོན་སངས་རྒྱས།

瑪嘎達惹陀巴俄桑傑，

瑪嘎達惹能仁而成佛，

མཁྱེན་པའི་ཡེ་ཤེས་འབར་ལ་ཕྱག་འཚལ་ལོ།

欽比伊希巴爾拉夏叉洛！

頂禮了知智慧光芒照！

ཝ་ར་ཎ་སེར་ཆོས་ཀྱི་འཁོར་ལོ་བསྐོར།

哇日阿納塞切吉科洛果，

波羅奈斯⑤轉四諦法輪，

ཛེ་ཏའི་ཚལ་དུ་ཆོ་འཕྲུལ་ཆེན་པོ་བསྟན།

支達叉都卻赤欽波旦，

祇園精舍示現大神變，

རྩ་མཆོག་གྲོང་དུ་དགོངས་པ་མྱ་ངན་འདས།

作卻鐘都貢巴娘俄帝，

根本宮城密意離苦厄，

ཐུགས་ནི་ནམ་མཁའ་འདྲ་ལ་ཕྱག་འཚལ་ལོ།

陀尼南卡扎拉夏叉洛！

心如廣大虛空我頂禮！

འདི་ལྟར་བསྟན་པའི་བདག་པོ་བཅོམ་ལྡན་འདས།

帝達旦比達波覺旦帝，

如是教主世尊出有壞，

མཛད་པའི་ཚུལ་ལ་མདོ་ཙམ་བསྟོད་པ་ཡི།

作比次拉多咱哆巴伊，

行道狀況唯經典贊禮，

དགེ་བས་འགྲོ་བ་ཀུན་གྱི་སྤྱོད་པ་ཡང་།

格比卓哇更吉覺巴央，

一切淨妙眾有情行持，

བདེ་གཤེགས་ཉིད་ཀྱི་མཛད་དང་མཚུངས་པར་ཤོག །

帝歇尼吉作當次巴肖！

唯願如同如來勝法行！

（六）祈請頌七品

གསོལ་འདེབས་ལེའུ་བདུན་མ།

索帝令冬瑪

ན་མོ་གུ་རུ།

南無格惹！

頂禮上師！

向鄔金蓮花生大師祈請時，一般所依境中：

ཐོག་མར་སྐྱབས་སུ་འགྲོ་བ་ནི།

首先皈依：

ན་མོཿ

南無；

頂禮；

བླ་མ་བདེ་གཤེགས་འདུས་པའི་སྐུ།

喇嘛帝歇德比格，

上師如來總集體，

དཀོན་མཆོག་གསུམ་གྱི་རང་བཞིན་ལ།

貢卻松吉讓音拉，

是三寶之自性中，

བདག་དང་འགྲོ་དྲུག་སེམས་ཅན་རྣམས།

達當卓智賽堅南，

我與六趣諸有情，

བྱང་ཆུབ་བར་དུ་སྐྱབས་སུ་མཆི།

香琪哇爾都嘉蘇卻。

修證菩提永皈依。

སེམས་བསྐྱེད་ནི།

發心：

སེམས་བསྐྱེད་འགྲོ་བ་ཀུན་དོན་དུ༎

賽吉卓哇更冬都，

為了發心利有情，

བླ་མ་སངས་རྒྱས་བསྒྲུབས་ནས་ནི།

喇嘛桑傑智內尼，

修成上師佛陀後，

གང་ལ་གང་འདུལ་ཕྲིན་ལས་ཀྱིས།

岡拉岡都赤列吉，

隨順調伏之事業，

འགྲོ་བ་བསྒྲལ་བར་དམ་བཅའོ༎

卓哇扎哇爾達嘉敖。

解脫有情具誓言。

ཡན་ལག་བདུན་པ་ནི།

七支：

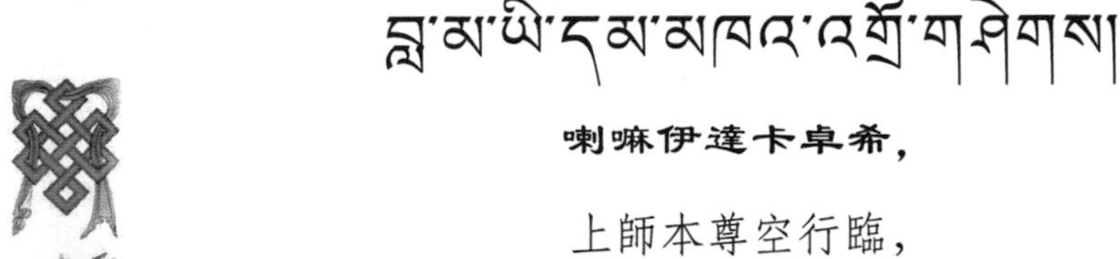

བླ་མ་ཡི་དམ་མཁའ་འགྲོ་གཤེགས།

喇嘛伊達卡卓希，

上師本尊空行臨，

ཉི་ཟླ་པདྨའི་གདན་ལ་བཞུགས།

尼達貝瑪旦拉希，

日月蓮座之上坐，

ལུས་ངག་ཡིད་གསུམ་གུས་ཕྱག་འཚལ།

列俄伊松格夏叉！

以身語意敬頂禮！

ཕྱི་ནང་གསང་བའི་མཆོད་པ་འབུལ།

希囊桑哇卻巴波，

呈獻內外秘密供，

ཉམས་ཆག་སྡིག་སྒྲིབ་མཐོལ་ཞིང་བཤགས།

娘恰德智陀香夏，

違越罪障發露懺，

གསང་སྔགས་བསྒྲུབས་ལ་རྗེས་ཡི་རང་།

桑俄智拉吉伊讓，

心隨喜修習密咒，

སྨིན་གྲོལ་གསང་སྔགས་ཆོས་འཁོར་བསྐོར།

閔珠桑俄切科果，

熟解密咒轉法輪，

མྱ་ངན་མི་འདའ་བཞུགས་སུ་གསོལ།

娘俄莫達希蘇索，

請勿涅槃永住世，

སྙིང་པོ་སེམས་ཅན་དོན་དུ་བསྔོ།

寧波賽堅冬都敖，

心中迴向利有情，

ཡང་དག་རྡོ་རྗེའི་དོན་རྟོགས་ཤོག།

央達多傑冬哆肖。

願解金剛真實義。

རྟེན་བསྐྱེད་དངོས་ནི།

觀想所依境：

མདུན་གྱི་ནམ་མཁར་འོད་ལྔའི་ཀློང་།

登吉南卡敖俄隆，

前方虛空五光中，

སེང་ཁྲི་པདྨ་ཉི་ཟླའི་སྟེང་།

桑赤貝瑪尼達當，

蓮花日月獅座上，

སྐུ་གསུམ་རྒྱལ་བ་འདུས་པའི་དངོས།

格松嘉哇德比厄，

如來三身總集體，

རྩ་བའི་བླ་མ་པདྨ་འབྱུང་།

乍哇喇嘛貝瑪君，

根本上師蓮花生，

དམར་དཀར་མདངས་ལྡན་ཞི་ཁྲོའི་ཉམས།

瑪嘎當旦希赤娘，

具紅白色姿靜猛，

པད་ཞྭ་གསང་ཕོད་ཆོས་གོས་དང་།

巴夏桑普切格當，

蓮冠密袍法身等，

ཟ་འོག་བེར་སྨུག་བརྗིད་པར་གསོལ།

薩敖畏爾莫吉巴爾索，

彩緞紫氅威德飾，

ཕྱག་གཡས་རྡོ་རྗེ་རྩེ་ལྔ་དང་།

夏伊多傑裁俄當，

右手五鈷金剛杵，

གཡོན་པས་བྷནྡྷ་ཚེ་བུམ་བསྣམས།

雲比奔達次奔南，

左持顱器長壽瓶，

ཁྲུ་མོ་གཡོན་ན་ཁ་ཊྭཾ་འཆང་།

智母雲納卡扎強，

右臂挾持威天杖，

རྡོ་རྗེའི་སྐྱིལ་ཀྲུང་དང་བཅས་ཏེ།

多傑吉仲當吉帝，

金剛跏趺坐具足，

སྐུ་གསུང་ཐུགས་ཀྱི་དཀྱིལ་འཁོར་ལས།

格松陀吉傑科列，

從身語意勝壇城，

རྩ་གསུམ་ཆོས་སྐྱོང་རབ་འབྱམས་ཀུན།

乍松切松日阿嘉更，

無邊三根本護法，

འཕྲོ་འདུའི་གཟི་བྱིན་ལམ་མེ་བ།

楚都詩興拉木梅哇，

放收光芒盡燦爛，

མངོན་སུམ་བཞིན་དུ་བཞུགས་པར་གྱུར༎

俄松音都秀巴吉，

真實現前唯安住。

一 上師三身祈請頌

གསོལ་འདེབས་བླ་མ་སྐུ་གསུམ་ནི།

索帝喇嘛格松尼

ཨེ་མ་ཧོ།

埃麻火！

奇呀哉！

སྤྲོས་བྲལ་ཆོས་ཀྱི་དབྱིངས་ཀྱི་ཞིང་ཁམས་སུ།

知扎切吉央吉香康蘇，

離戲論的法界刹土中，

ཆོས་ཉིད་དུས་གསུམ་སྐྱེ་འགག་མེད་པའི་ངང་།

切尼德松吉嘎梅比昂，

無有三世生滅之法性，

བྱ་བྲལ་ལྷུན་རྫོགས་བདེ་བ་ཆེན་པོའི་སྐུ།

夏扎林佐帝哇欽波格，

出世任成圓滿大樂身，

ནམ་མཁའ་བཞིན་དུ་ཐུགས་རྗེ་ཕྱོགས་རིས་མེད།

南卡音都陀吉肖熱美，

猶如虛空悲憫而無私，

བླ་མ་ཆོས་ཀྱི་སྐུ་ལ་གསོལ་བ་འདེབས།

喇嘛切吉格拉索哇帝，

我祈請於上師法身前，

ཨོ་རྒྱན་པདྨ་འབྱུང་གནས་ལ་གསོལ་བ་འདེབས།

鄔金貝瑪君內拉索哇帝。

鄔金蓮花生前我祈請。

བདེ་ཆེན་ལྷུན་གྱིས་གྲུབ་པའི་ཞིང་ཁམས་སུ།

德欽林吉智比香康蘇，

大樂任運成就刹土中，

སྐུ་གསུང་ཐུགས་དང་ཡོན་ཏན་ཕྲིན་ལས་ཀྱི།

格松陀當雲旦赤列吉，

身語意及功德和事業，

ཡེ་ཤེས་ལྔ་ལྡན་བདེ་བར་གཤེགས་པའི་སྐུ།

伊希俄旦帝哇爾歇比格，

具五智慧如來善逝身，

ཐུགས་རྗེའི་བྱེ་བྲག་སྣ་ཚོགས་སོ་སོར་སྟོན།

陀吉希扎那措索索爾冬，

悲憫各別示現之種種，

བླ་མ་ལོངས་སྤྱོད་རྫོགས་སྐུ་ལ་གསོལ་བ་འདེབས།

喇嘛龍覺佐格拉索哇帝，

上師圓滿報身我祈請，

ཨོ་རྒྱན་པདྨ་འབྱུང་གནས་ལ་གསོལ་བ་འདེབས།

鄔金貝瑪君內拉索哇帝。

鄔金蓮花生前我祈請。

མི་མཇེད་འཇིག་རྟེན་དག་པའི་ཞིང་ཁམས་སུ།

莫皆吉旦達比香卡蘇，

娑婆世界清淨剎土中，

ཐུགས་རྗེ་ཆེན་པོ་འགྲོ་བའི་དོན་ལ་བྱོན།

陀吉欽波卓哇冬拉興，

以大悲憫為利生降臨，

གང་ལ་གང་འདུལ་ཐབས་ཀྱིས་འགྲོ་དོན་མཛད།

岡拉岡都塔吉卓冬乍，

隨順調伏方便利有情，

འདས་དང་མ་བྱོན་ད་ལྟ་དུས་གསུམ་གྱི།

帝當瑪興達打德松吉，

過去現在未來三世間，

བླ་མ་སྤྲུལ་པའི་སྐུ་ལ་གསོལ་བ་འདེབས།

喇嘛智比格拉索哇帝，

上師化身之前我祈請，

ཨོ་རྒྱན་པདྨ་འབྱུང་གནས་ལ་གསོལ་བ་འདེབས།།

鄔金貝瑪君內拉索哇帝。

鄔金蓮花生前我祈請。

附錄傳承祈請頌

ཁ་སྐོང་བརྒྱུད་འདེབས་ནི།

卡貢吉帝尼

ཆོས་སྐུ་ཀུན་ཏུ་བཟང་པོ་ལ་གསོལ་བ་འདེབས།

切格更都桑波拉索哇帝，

法身普賢如來我祈請，

ལོངས་སྐུ་རྒྱལ་བ་རིགས་ལྔ་ལཿ

隆格嘉哇熱俄拉索哇帝，

報身五方佛前我祈請，

སྤྲུལ་སྐུ་རིགས་གསུམ་མགོན་པོ་ལཿ

智格仁松貢波拉索哇帝，

化身三姓依怙我祈請，

ཡང་སྤྲུལ་དགའ་རབ་རྡོ་རྗེ་ལཿ

央智嘎日阿多傑拉索哇帝，

再化極喜金剛我祈請，

སློབ་དཔོན་འཇམ་དཔལ་བཤེས་གཉེན་ལཿ

洛奔嘉巴希寧拉索哇帝，

教授妙吉祥友我祈請，

རིག་འཛིན་ཤྲཱི་སིཧྨ་ལ༔

仁增希利森哈拉索哇帝，

持明吉祥獅子我祈請，

པཎ་ཆེན་བི་མ་མི་ཏྲ་ལ༔

班欽白麻莫扎拉索哇帝，

大智無垢友前我祈請，

རྒྱལ་སྲས་པདྨ་འབྱུང་གནས་ལ༔

嘉舍貝瑪君內拉索哇帝，

王子蓮花生前我祈請，

ཆོས་རྒྱལ་ཁྲི་སྲོང་ལྡེའུ་བཙན་ལ༔

切嘉赤松德贊拉索哇帝，

法王赤松德贊我祈請，

མཁའ་འགྲོ་ཡེ་ཤེས་མཚོ་རྒྱལ་ལ༔

卡卓伊希措嘉拉索哇帝，

空行智慧海勝我祈請，

དགེ་སློང་ནམ་མཁའི་སྙིང་པོ་ལ༔

格隆南開寧波拉索哇帝，

比丘虛空藏前我祈請，

སྣ་ནམ་རྡོ་རྗེ་བདུད་འཇོམས་ལ༔

納南多傑都君拉索哇帝，

納南金剛伏魔我祈請，

ལྷ་སྲས་མུ་ཁྲི་བཙན་པོ་ལ༔

拉舍木赤貞波拉索哇帝，

王子木赤貞波我祈請，

སྤྲུལ་སྐུ་བཟང་པོ་གྲགས་པ་ལ༔

智格桑波扎巴拉索哇帝，

化身妙賢名稱我祈請，

རིག་འཛིན་དངོས་གྲུབ་རྒྱལ་མཚན་ལ༔

仁增俄智嘉參拉索哇帝，

持明悉地勝幢我祈請，

ཀུན་སྤངས་དོན་ཡོད་རྒྱལ་མཚན་ལ༔

更榜冬優嘉參拉索哇帝，

遍捨不空勝幢我祈請，

བརྒྱུད་འཛིན་བསོད་ནམས་མཆོག་བཟང་ལ༔

吉增索南卻桑拉索哇帝，

持傳勝妙福澤我祈請，

གྲུབ་ཆེན་ཐང་སྟོང་རྒྱལ་པོ་ལ༔

智欽唐冬嘉波拉索哇帝，

大成唐冬佳波⑥我祈請，

མཚུངས་མེད་དངོས་གྲུབ་དཔལ་ལྡན་ལ༔

倉梅俄智巴旦拉索哇帝，

具德無比成就我祈請，

དྲིན་ཅན་ཀུན་དགའ་བཟང་པོ་ལ༔

貞堅更嘎桑波拉索哇帝，

恩師遍喜妙賢我祈請，

མི་འགྱུར་ལས་འཕྲོ་གླིང་པ་ལ༔

莫吉爾列楚林巴拉索哇帝，

不動福報洲前我祈請，

རྒྱལ་དབང་རིན་ཆེན་ཕུན་ཚོགས་ལ༔

嘉旺仁欽彭措拉索哇帝，

佛王仁欽彭措我祈請，

སྤྲུལ་སྐུ་ནམ་མཁའ་བརྒྱ་བྱིན་ལ༔

智格南卡嘉興拉索哇帝，

化身虛空帝釋我祈請，

མཁས་གྲུབ་མདོ་སྔགས་བསྟན་འཛིན་ལ༔

開智多俄旦增拉索哇帝，

賢哲多俄旦增我祈請，

རིག་འཛིན་ཕྲིན་ལས་ལྷུན་གྲུབ་ལ༔

仁增赤列林智拉索哇帝，

持明赤列林智我祈請，

ཆོས་རྒྱལ་གཏེར་བདག་གླིང་པ་ལ༔

切嘉帝爾達林巴拉索哇帝，

法王藏主洲前我祈請，

དུས་གསུམ་རྩ་བརྒྱུད་བླ་མ་ལ༔

德松作吉喇嘛拉索哇帝，

三世本續上師我祈請，

དྲིན་ཅན་རྩ་བའི་བླ་མ་ལ༔

貞堅作哇喇嘛拉索哇帝，

具德根本上師我祈請，

ཡི་དམ་སྒྲུབ་ཆེན་བཀའ་བརྒྱད་ལ༔

伊達智欽嘎嘉拉索哇帝，

本尊八大法行我祈請，

མ་མོ་མཁའ་འགྲོའི་ལྷ་ཚོགས་ལ༔

瑪母卡卓拉措拉索哇帝，

天母空行聖眾我祈請，

ཆོས་སྐྱོང་མ་མགོན་ལྕམ་དྲལ་ལ༔

切君瑪貢嘉扎拉索哇帝，

護法瑪貢兄妹我祈請，

འདི་ཕྱི་བར་དོ་གསུམ་དུ་བྱིན་གྱིས་རློབས།

德歇哇爾多松都興吉隆！

今後三中般⑦中垂加護！

འཁོར་བ་སྡུག་བསྔལ་གྱི་རྒྱ་མཚོ་ལས་བསྒྲལ་དུ་གསོལ།

科哇都俄吉嘉措列扎都索！

祈從輪迴苦海得救度！

སྐྱེ་མེད་སྙིང་པོ་ཡོན་པར་བྱིན་གྱིས་རློབས།

吉梅寧波龍巴爾興吉隆！

無生精華藏中垂加護！

མཆོག་དང་ཐུན་མོང་དངོས་གྲུབ་སྩལ་དུ་གསོལ།།

卻當彤門俄智乍都索！

祈賜殊勝與共同悉地！

二 國王赤松德贊請問祈請頌

ཨེ་མ་ཧོ།

唉麻火，

奇呀哉！

སངས་རྒྱས་བསྟན་པ་རྨད་བྱུང་བསམ་ཡས་ལ།

桑傑旦巴瑪雄桑耶拉，

佛法最殊勝的桑耶寺，

ཁྱད་པར་འཕགས་པའི་བསྟན་པ་རྣམ་གསུམ་བྱོན།

恰巴爾帕比旦拉南松興，

降臨三種最殊勝教法，

སངས་རྒྱས་ཤཱཀྱ་ཐུབ་པའི་ཞིང་ཁམས་འདིར།

桑傑釋迦陀比香康得爾，

釋迦牟尼佛的這刹土，

གསང་སྔགས་རྡོ་རྗེ་ཐེག་པའི་བསྟན་པ་བྱོན།

桑俄多傑乘比旦巴興，

降臨密咒金剛乘教法，

བསྟན་པ་རིན་པོ་ཆེ་ལ་གསོལ་བ་འདེབས།

旦巴仁波切拉索哇帝，

大寶教法之前我祈請，

ཨོ་རྒྱན་པདྨ་འབྱུང་གནས་ལ་གསོལ་བ་འདེབས།

鄔金貝瑪君內拉索哇帝。

鄔金蓮花生前我祈請。

འོག་མིན་ལྷུན་གྱིས་གྲུབ་པའི་ཕོ་བྲང་དུ།

敖萌林吉智比普章都，

密嚴剎土任成宮殿中，

དུས་གསུམ་བདེ་བར་གཤེགས་པའི་དགོངས་པ་ཡིས།

德松帝哇歇比貢巴伊，

三世諸佛善逝以密意，

མ་ཏྲཾ་རུ་དྲ་བཀའ་སྒྲོ་ལོག་པ་ལས།

瑪扎若扎嘎果洛哇列，

瑪扎若扎違背佛教法，

འགྲོ་དྲུག་སེམས་ཅན་སྡུག་བསྔལ་ཉམ་ཐག་གཟིགས།

卓智賽堅都俄娘塔詩，

照見六趣有情境困苦，

ཐུགས་རྗེ་ངོ་མཚར་ཅན་ལ༔

陀吉俄叉爾堅拉索哇帝，

悲憫稀有者前我祈請，

ཨོ་རྒྱན་པདྨ་འབྱུང་གནས་ལ༔

鄔金貝瑪君內拉索哇帝。

鄔金蓮花生前我祈請。

ལྕང་ལོ་ཅན་གྱི་ཕོ་བྲང་དམ་པ་རུ།

江洛堅吉普章達巴若，

楊柳宮的殊勝宮殿裡，

དེ་བཞིན་གཤེགས་པ་ཐམས་ཅད་བཀའ་འགྲོས་མཛད།

帝音歇巴塔堅嘎卓作，

一切如來聚會講經教，

ཞི་རྒྱས་དབང་དྲག་ཕྲིན་ལས་རྣམ་བཞི་ཡིས།

希吉旺扎赤列南伊以，

憑以息、增、懷、誅四事業，

ལོག་པ་བདུད་ཀྱི་བསྟན་པ་འདུལ་བར་མཛད།

洛巴都吉旦巴門哇爾作，

欲將邪妄魔法盡降伏，

དུས་གསུམ་བདེ་གཤེགས་རྣམས་ལ༔

德松帝歇南拉索哇帝，

三世善逝諸尊我祈請，

ཨོ་རྒྱན་པདྨ་འབྱུང་གནས་ལ༔

鄔金貝瑪君內拉索哇帝。

鄔金蓮花生前我祈請。

རི་བོ་མ་ལ་ཡ་གནམ་ལྕགས་འབར་བའི་རྩེ།

惹烏瑪拉雅南嘉巴哇裁，

瑪拉雅山南迦巴瓦頂⑧，

བདུད་པོ་མ་ཧཱ་རུ་དྲ་དྲག་པོས་བསྒྲལ།

都波瑪扎若扎扎波扎，

誅滅瑪占若扎此惡魔，

སྲིན་མོ་མ་ཚོགས་རྣམས་ལ་སྦྱོར་བ་མཛད།

珊母瑪措南拉覺爾哇乍，

諸眾羅刹女中修加行，

གསང་སྔགས་བསྟན་པ་དང་པོ་དེ་ནས་བྱུང་།

桑俄旦巴當烏帝內興，

密咒教法最初從此來，

གདུལ་བྱ་ཁྱད་པར་ཅན་ལ༔

都夏恰巴爾堅拉索哇帝，

殊勝調伏者前我祈請，

ཨོ་རྒྱན་པདྨ་འབྱུང་གནས་ལ༔

鄔金貝瑪君內拉索哇帝。

鄔金蓮花生前我祈請。

འོག་མིན་ཆོས་ཀྱི་དབྱིངས་ཀྱི་ཕོ་བྲང་དུ།

敖萌切吉央吉普章都，

密嚴刹土法界宮殿中，

དུས་གསུམ་སྐྱེ་འགག་མེད་པ་ཆོས་ཀྱི་སྐུ།

德松吉嘎梅巴切吉格，

三世不生不滅之法身，

ཆོས་རྣམས་རྣམ་དག་ཡེ་ནས་ལྷུན་གྱིས་གྲུབ།

切南那達伊內林吉智。

諸法清淨最初任運成。

སངས་རྒྱས་ཐམས་ཅད་ཐུགས་ལས་བསྐྱེད་པའི་ཡབ།

桑傑塔堅陀列吉比雅，

諸佛出於心生佛之父，

ཆོས་སྐུ་ཀུན་ཏུ་བཟང་པོ་ལ༔

切格更都桑波拉索哇帝，

法身普賢如來我祈請，

ཨོ་རྒྱན་པདྨ་འབྱུང་གནས་ལ༔

索鄔金貝瑪君內拉哇帝。

鄔金蓮花生前我祈請。

བདེ་ཆེན་ལྷུན་གྱིས་གྲུབ་པའི་ཞིང་ཁམས་སུ།

德欽林吉智比香康蘇，

大樂任運成就刹土中，

གཏི་མུག་རྣམ་དག་ཆོས་དབྱིངས་ཡེ་ཤེས་དང་།

德莫南達切央伊希昂，

清除愚癡法界體性智，

རྣམ་པར་སྣང་མཛད་ལོངས་སྤྱོད་རྫོགས་པའི་སྐུ།

南巴囊乍隆覺佐比格，

毗盧遮那受用圓滿身，

སྐུ་ཡི་རིགས་མཆོག་རིགས་ཀྱི་འཁོར་གྱིས་བསྐོར།

格伊仁卻仁吉科吉果，

殊勝身部眷屬所圍繞，

བུདྡྷ་རིགས་ཀྱི་ལྷ་ཚོགས་ལ༔

布達仁吉拉措拉索哇帝，

佛部聖眾之前我祈請，

ཨོ་རྒྱན་པདྨ་འབྱུང་གནས་ལ༔

鄔金貝瑪君內拉索哇帝。

鄔金蓮花生前我祈請。

ཤར་ཕྱོགས་མངོན་པར་དགའ་བའི་ཞིང་ཁམས་སུ།

夏爾肖俄巴嘎比香康蘇，

東方示現喜妙剎土中，

ཞེ་སྡང་རྣམ་དག་མེ་ལོང་ཡེ་ཤེས་དང་།

希當南達梅龍伊希俄，

清除瞋恚證大圓鏡智，

རྡོ་རྗེ་སེམས་དཔལ་ལོངས་སྤྱོད་རྫོགས་པའི་སྐུ།

多傑賽華龍覺佐比格，

金剛薩埵受用圓滿身，

祈請頌七品

ཐུགས་ཀྱི་རིགས་མཆོག་རིགས་ཀྱི་འཁོར་གྱིས་བསྐོར།

陀吉仁卻仁吉科吉果，

殊勝心部眷屬所圍繞，

རྡོ་རྗེ་རིགས་ཀྱི་ལྷ་ཚོགས་ལ༔

多傑仁吉拉措拉索哇帝，

金剛部的聖眾我祈請，

ཨོ་རྒྱན་པདྨ་འབྱུང་གནས་ལ༔

鄔金貝瑪君內拉索哇帝。

鄔金蓮花生前我祈請。

ལྷོ་ཕྱོགས་དཔལ་ལྡན་མཛེས་པའི་ཞིང་ཁམས་སུ།

洛肖華旦責比香康蘇，

南方威德華麗刹土中，

ང་རྒྱལ་རྣམ་དག་མཉམ་ཉིད་ཡེ་ཤེས་དང་།

俄嘉南達娘尼伊希俄，

清除我慢證平等性智，

རིན་ཆེན་འབྱུང་གནས་ལོངས་སྤྱོད་རྫོགས་པའི་སྐུ།

仁欽君內龍覺佐比格，

寶生佛的受用圓滿身，

ཡོན་ཏན་རིགས་མཆོག་རིགས་ཀྱི་འཁོར་གྱིས་བསྐོར།

雲旦仁卻仁吉科吉果，

殊勝功德部眷屬圍繞，

རིན་ཆེན་རིགས་ཀྱི་ལྷ་ཚོགས་ལ༔

仁欽仁吉拉措拉索哇帝，

寶生部聖眾前我祈請，

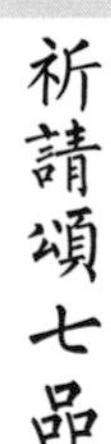

ཨོ་རྒྱན་པདྨ་འབྱུང་གནས་ལ༔

鄔金貝瑪君內拉索哇帝。

鄔金蓮花生前我祈請。

ནུབ་ཕྱོགས་བདེ་བ་ཅན་གྱི་ཞིང་ཁམས་སུ།

努肖帝哇堅吉香康蘇，

西方極樂世界剎土中，

འདོད་ཆགས་རྣམ་དག་སོར་རྟོག་ཡེ་ཤེས་དང་།

哆恰南達索多伊希俄，

淨除貪欲證妙觀察智，

སྣང་བ་མཐའ་ཡས་ལོངས་སྤྱོད་རྫོགས་པའི་སྐུ།

囊哇塔伊龍覺佐比格，

阿彌陀佛受用圓滿身，

གསུང་གི་རིགས་མཆོག་རིགས་ཀྱི་འཁོར་གྱིས་བསྐོར།

松格仁卻惹吉科吉果，

語部殊勝眷屬所圍繞，

པདྨ་རིགས་ཀྱི་ལྷ་ཚོགས་ལ༔

貝瑪惹吉拉措拉索哇帝，

蓮花部的聖眾我祈請，

ཨོ་རྒྱན་པདྨ་འབྱུང་གནས་ལ༔

鄔金貝瑪君內拉索哇帝。

鄔金蓮花生前我祈請。

བྱང་ཕྱོགས་ལས་རབ་རྫོགས་པའི་ཞིང་ཁམས་སུ།

香肖列日阿佐比香康蘇，

北方事業圓滿刹土中，

ཕྲག་དོག་རྣམ་དག་བྱ་གྲུབ་ཡེ་ཤེས་ངང་།

衩多南達夏智伊希俄，

淨除嫉妒證成所作智，

དོན་ཡོད་གྲུབ་པ་ལོངས་སྤྱོད་རྫོགས་པའི་སྐུ།

冬優智巴龍覺佐比格，

不空成就受用圓滿身，

ཕྲིན་ལས་རིགས་མཆོག་རིགས་ཀྱི་འཁོར་གྱིས་བསྐོར།

赤列仁卻惹吉科吉果，

事業部勝眷屬所圍繞，

ཀརྨ་རིགས་ཀྱི་ལྷ་ཚོགས་ལ༔

噶瑪仁吉拉措拉索哇帝，

羯摩部的聖眾我祈請，

ཨོ་རྒྱན་པདྨ་འབྱུང་གནས་ལ༔

鄔金貝瑪君內拉索哇帝。

鄔金蓮花生前我祈請。

ཆོས་དབྱིངས་རོལ་པའི་གཞལ་ཡས་ཆེན་པོ་ན།

切央若比雅伊欽波那，

幻化法界廣大越量宮，

ཉོན་མོངས་དུག་ལྔ་བརྫིས་པའི་གདན་སྟེང་དུ།

扭萌都俄支比旦當嘟，

法座鎮壓五毒等煩惱，

ཁྲོ་བོའི་རྒྱལ་པོ་ཆེ་མཆོག་ཧེ་རུ་ཀ།

楚烏嘉波切卻黑如迦，

殊勝忿怒明王黑如迦，

རིགས་ལྔ་བདེ་གཤེགས་འདུས་པའི་འཁོར་གྱིས་བསྐོར།

仁俄帝歇德比科吉果，

五方如來總集而圍繞，

ཀུན་བཟང་ཧེ་རུ་ཀའི་ལྷ་ཚོགས་ལ༔

更桑黑如嘎拉措拉索哇帝，

普賢欽血聖眾我祈請，

ཨོ་རྒྱན་པདྨ་འབྱུང་གནས་ལ༔

鄔金貝瑪君內拉索哇帝。

鄔金蓮花生前我祈請。

ཐུགས་རྗེ་རོལ་པའི་གཞལ་ཡས་ཆེན་པོ་ན།

陀吉若比雅伊欽波那，

悲憫變化廣大越量宮，

མ་བདུད་དྲེགས་པ་བརྫིས་པའི་གདན་སྟེང་དུ།

瑪都扎巴支比旦當都，

法座足踏傲慢惡女魔，

མངོན་རྫོགས་རྒྱལ་པོ་ཆེ་མཆོག་ཧེ་རུ་ཀ།

俄佐嘉波切卻黑如迦，

示現圓滿明王黑如迦，

ཡེ་ཤེས་ལས་གྲུབ་མ་མོའི་འཁོར་གྱིས་བསྐོར།

伊希列智瑪母科吉果，

智慧事業天母眷圍繞，

ཆེ་མཆོག་མ་མོའི་ལྷ་ཚོགས་ལ༔

切卻瑪母拉措拉索哇帝，

尊勝天母聖眾我祈請，

ཨོ་རྒྱན་པདྨ་འབྱུང་གནས་ལ༔

鄔金貝瑪君由拉索哇帝。

鄔金蓮花生前祈請。

མཐིང་ནག་གྲུ་གསུམ་འབར་བའི་གཞལ་ཡས་ན།

坦那智松巴爾威夏伊那，

藍黑三角⑨熾燃越量宮，

མ་ཧཱུཾ་རུ་དྲ་བརྫིས་པའི་གདན་སྟེང་དུ།

瑪扎若扎支比旦當都，

足踏瑪扎若扎法座上，

ཐུགས་ཀྱི་བདག་ཉིད་བཛྲ་ཧེ་རུ་ཀ།

陀吉達尼貝雜爾黑如迦，

意之自性金剛黑如迦，

ཁྲག་འཐུང་ཁྲོ་བོ་འབར་བའི་འཁོར་གྱིས་བསྐོར།

衩彤楚烏巴爾威科吉果，

飲血忿怒熾燃眷圍繞，

དཔལ་ཆེན་ཧེ་རུ་ཀའི་ལྷ་ཚོགས་ལ༔

華欽黑如迦拉措拉索哇帝，

具德飲血聖眾我祈請，

藏傳佛教寧瑪派日常法行念誦儀軌

ཨོ་རྒྱན་པདྨ་འབྱུང་གནས་ལ༔

鄔金貝瑪君內拉索哇帝。

鄔金蓮花生前我祈請。

མཐིང་ནག་ཨེ་ལས་དྲག་པོའི་གཞལ་ཡས་ན།

坦那厄列扎波雅伊那，

藍黑智慧勇猛越量宮，

གཤིན་རྗེ་ཆུ་གླང་བརྫིས་པའི་གདན་སྟེང་དུ།

興吉曲朗吉比旦當都，

閻羅足踏水牛法座上，

འཇམ་དཔལ་ཡ་མནྟ་ཀ་གཤིན་རྗེའི་གཤེད།

嘉華雅鬘達嘎興吉希，

怖畏文殊大威德金剛，

གཤེད་པོ་ཁྲོ་བོ་དྲེགས་པའི་འཁོར་གྱིས་བསྐོར།

希波楚烏扎比科吉果，

倨傲忿怒眷屬所圍繞，

གཤིན་རྗེ་གཤེད་པོའི་ལྷ་ཚོགས་ལ༔

興吉希波拉措拉索哇帝，

閻羅降伏聖眾我祈請，

ཨོ་རྒྱན་པདྨ་འབྱུང་གནས་ལ༔

鄔金貝瑪君內拉索哇帝。

鄔金蓮花生前我祈請。

དམར་ནག་གྲུ་གསུམ་དབང་གི་གཞལ་ཡས་ན།

瑪爾那智松旺格雅伊那，

紅黑三角自在越量宮，

བདུད་ནག་ཕོ་མོ་བརྫིས་པའི་གདན་སྟེང་དུ།

都那普母支比旦當都，

足踏男女惡魔之座上，

དབང་གི་རྒྱལ་པོ་པདྨ་ཧེ་རུ་ཀ།

旺格嘉波貝瑪黑如迦，

自在明王蓮花黑如迦，

པདྨ་རིགས་ཀྱི་ཁྲོ་བོ་རྣམས་ཀྱིས་བསྐོར།

貝瑪仁吉楚烏南吉果爾，

蓮花部忿怒聖眾圍繞，

རྟ་མགྲིན་དབང་གི་ལྷ་ཚོགས་ལ༔

達智旺格拉措拉索哇帝，

馬頭自在聖眾我祈請，

ཨོ་རྒྱན་པདྨ་འབྱུང་གནས་ལ༔

鄔金貝瑪君內拉索哇帝。

鄔金蓮花生前我祈請。

བསྐལ་པ་མེ་ལྟར་འབར་བའི་གཞལ་ཡས་ན།

嘎巴梅達爾巴爾威雅伊那，

猶如劫火熾燃越量宮，

ཕོ་བདུད་དྲེགས་པ་བརྫིས་པའི་གདན་སྟེང་དུ།

普都扎巴支比旦當都，

足踏倨傲男魔法座上，

དཔལ་ཆེན་རྡོ་རྗེ་གཞོན་ནུ་དཔའ་བོའི་སྐུ།

華欽多傑雲努華烏格，

具德金剛童子勇士身，

བདུད་འདུལ་ཁྲོ་བཅུ་ཁྲ་ཐབས་འཁོར་གྱིས་བསྐོར།

都門楚吉叔塔科吉果，

伏魔十忿怒王眷圍繞，

རྡོ་རྗེ་ཕུར་བའི་ལྷ་ཚོགས་ལ༔

多傑普巴拉措拉索哇帝，

金剛橛之聖眾我祈請，

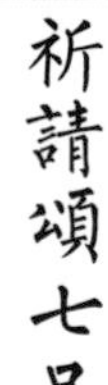

ཨོ་རྒྱན་པདྨ་འབྱུང་གནས་ལ༔

鄔金貝瑪君內拉索哇帝。

鄔金蓮花生前我祈請。

པདྨ་དབང་གི་གཞལ་ཡས་ཆེན་པོ་ན།

貝瑪旺格夏伊欽波那，

蓮花自在廣大越量宮，

མ་ཆགས་པདྨ་འབར་བའི་གདན་སྟེང་དུ།

瑪恰貝瑪巴爾哇旦當都，

無欲蓮花怒放法座上，

བཅོམ་ལྡན་མགོན་པོ་ཡེ་ཤེས་ཚེ་དཔག་མེད།

覺旦貢波伊希次華梅，

有壞怙主智慧無量壽，

འཆི་མེད་ཚེ་ཡི་ལྷ་ཚོགས་རྣམས་ཀྱིས་བསྐོར།

琪梅次伊拉措南吉果爾，

無量壽佛諸聖眾圍繞，

རྡོ་རྗེ་ཚེ་ཡི་ལྷ་ཚོགས་ལ༔

多傑次伊拉措拉索哇帝，

金剛壽的聖眾我祈請，

ཨོ་རྒྱན་པདྨ་འབྱུང་གནས་ལ༔

鄔金貝瑪君內拉索哇帝。

鄔金蓮花生前我祈請。

དུར་ཁྲོད་རྔམ་བརྗིད་རོལ་པའི་གཞལ་ཡས་ན།

門楚俄吉若比夏伊那，

屍林威嚴變幻越量宮，

ཏི་ར་གན་རྒྱལ་བརྫི་ས་པའི་གདན་སྟེང་དུ།

地拉甘嘉支比旦當都，

足踏地拉[10]仰臥之座上，

ཡུམ་ཆེན་ཁྲོ་མོ་རྡོ་རྗེ་ཕག་མོའི་སྐུ།

隅欽楚母多傑亥母格，

忿怒佛母金剛亥母身，

མ་མོ་མཁའ་འགྲོ་ལྷ་ཚོགས་འཁོར་གྱིས་བསྐོར།

瑪母卡卓拉措科吉果，

空行天母聖眷屬圍繞，

རྡོ་རྗེ་རྣལ་འབྱོར་མའི་ལྷ་ཚོགས་ལ༔

多傑那覺爾瑪拉措拉索哇帝，

金剛瑜伽母眾我祈請，

ཨོ་རྒྱན་པདྨ་འབྱུང་གནས་ལ༔

鄔金貝瑪君內拉索哇帝。

鄔金蓮花生前我祈請。

རྒྱ་གར་རྡོ་རྗེ་གདན་གྱི་ཕོ་བྲང་དུ།

嘉嘎爾多傑旦吉普章都，

印度金剛座⑪的宮殿中，

རྒྱུ་འབྲས་བདེན་པས་འགྲོ་བའི་དོན་མཛད་ཅིང་།

吉蕉登比卓哇冬乍江，

因果諦實以利樂有情，

སྡེ་སྣོད་གསུམ་གྱི་བསྟན་པའི་རྒྱལ་མཚན་བཙུགས།

帝努松吉旦比嘉參資，

三藏經典勝幢堅立起，

ཉན་ཐོས་བྱང་ཆུབ་སེམས་དཔའི་འཁོར་གྱིས་བསྐོར།

拈特香琪賽華科吉果，

聲聞菩薩眾眷屬圍繞，

སྤྲུལ་སྐུ་ཤཱཀྱ་ཐུབ་པ་ལ༔

智格釋迦陀巴拉索哇帝，

化身釋迦能仁我祈請，

ཨོ་རྒྱན་པདྨ་འབྱུང་གནས་ལ༔

鄔金貝瑪君內拉索哇帝，

鄔金蓮花生前我祈請。

ཌྷ་ན་ཀོ་ཤ་ཀླུ་ཡི་ཕོ་བྲང་དུ།

達納郭夏勒伊普章都，

憍校嘗彌國的龍宮中，

ཐུགས་རྗེའི་སྟོབས་ཀྱིས་འགྲོ་བའི་དོན་ལ་བྱོན།

陀吉多吉卓哇冬拉興，

以悲憫力利樂眾有情，

རྒྱལ་བའི་དགོངས་པས་འགྲོ་དྲུག་རང་གྲོལ་མཛད།

嘉哇貢比卓知讓卓乍，

由佛密意六趣自解脫，

མཁའ་འགྲོ་སྡེ་ལྔ་མ་མོའི་འཁོར་གྱིས་བསྐོར།

卡卓帝俄瑪母科吉果，

五部空行天母眾圍繞，

སྤྲུལ་སྐུ་དགའ་རབ་རྡོ་རྗེ་ལ༔

智格嘎日阿多傑拉索哇帝，

化身極喜金剛我祈請，

ཨོ་རྒྱན་པདྨ་འབྱུང་གནས་ལ༔

鄔金貝瑪君內拉索哇帝。

鄔金蓮花生前我祈請。

རྒྱ་ནག་རི་བོ་རྩེ་ལྔའི་ཕོ་བྲང་དུ།

嘉那惹烏裁俄普章都，

漢地五臺山的宮殿中，

སངས་རྒྱས་སྐུ་ཡི་སྤྲུལ་པ་འཇམ་དཔལ་དབྱངས།

桑傑格伊智巴嘉華央，

佛身顯化文殊師利王，

སྟེང་འོག་ཕྱོགས་བཞིར་སྐུ་ཡིས་འགྲོ་དོན་མཛད།

當敖肖伊格伊卓冬乍，

上下四方以身利有情，

སྐུ་ཡི་བྱང་ཆུབ་སེམས་དཔའི་འཁོར་གྱིས་བསྐོར།

格伊香琪賽華科吉果，

身之菩薩聖眾眷圍繞，

འཕགས་པ་འཇམ་དཔལ་གྱི་ལྷ་ཚོགས་ལ༔

帕巴嘉華吉拉措拉索哇帝，

妙吉祥之聖眾我祈請，

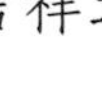

ཨོ་རྒྱན་པདྨ་འབྱུང་གནས་ལ༔

鄔金貝瑪君內拉索哇帝。

鄔金蓮花生前我祈請。

གནས་ཆེན་རི་བོ་ཏ་ལའི་ཕོ་བྲང་དུ།

內欽惹烏達拉普章都，

聖地普陀洛伽宮殿中，

སངས་རྒྱས་གསུང་གི་སྤྲུལ་པ་སྤྱན་རས་གཟིགས།

桑傑松格智巴堅熱詩，

如來語之化身觀世音，

སྟེང་འོག་ཕྱོགས་བཞིར་གསུང་གིས་འགྲོ་དོན་མཛད།

當敖肖伊松格卓冬乍，

上下四方以語利眾生，

གསུང་གི་བྱང་ཆུབ་སེམས་དཔའི་འཁོར་གྱིས་བསྐོར།

松格香琪賽華科吉果，

語的菩薩聖眾眷圍繞，

སྤྱན་རས་གཟིགས་ཀྱི་ལྷ་ཚོགས་ལ༔

堅熱詩吉拉措拉索哇帝，

觀世音的聖眾我祈請，

ཨོ་རྒྱན་པདྨ་འབྱུང་གནས་ལ༔

鄔金貝瑪君內拉索哇帝。

鄔金蓮花生前我祈請。

གནས་མཆོག་ལྕང་ལོ་ཅན་གྱི་ཕོ་བྲང་དུ།

內卻江洛堅吉普章都，

聖地楊柳宮的宮殿上，

སངས་རྒྱས་ཐུགས་ཀྱི་སྤྲུལ་པ་རྡོ་རྗེ་འཛིན།

桑傑陀吉智巴多傑增，

如來意的化身金剛持，

སྟེང་འོག་ཕྱོགས་བཞིར་ཐུགས་ཀྱི་འགྲོ་དོན་མཛད།

當敖肖伊陀吉卓冬乍，

上下四方以意利眾生，

ཐུགས་ཀྱི་བྱང་ཆུབ་སེམས་དཔའི་འཁོར་གྱིས་བསྐོར།

陀吉香琪賽華科吉果，

意的菩薩聖眾眷圍繞，

ཕྱག་ལ་རྡོ་རྗེའི་ལྷ་ཚོགས་ལ༔

夏拉多傑拉措拉索哇帝，

金剛手的聖眾我祈請，

ཨོ་རྒྱན་པདྨ་འབྱུང་གནས་ལ༔

鄔金貝瑪君內拉索哇帝。

鄔金蓮花生前我祈請。

སྟེང་ཕྱོགས་རྣམ་པར་རྒྱལ་བའི་ཁང་བཟང་དུ།

當肖南巴爾嘉威卡桑都，

在上方的尊勝精舍中，

འཕགས་པ་འཇམ་དཔལ་ཐུགས་ཀྱི་དགོངས་པ་ཡིས།

帕巴嘉華陀吉貢巴伊，

憑以聖妙吉祥心密意，

ལྷ་དབང་བརྒྱ་བྱིན་གནས་སུ་གསང་སྔགས་བྱོན།

拉旺嘉興內蘇桑俄興，

帝釋天處降臨之密咒，

ཚོམ་བུ་འབུམ་དང་བཅས་ཏེ་མངོན་སངས་རྒྱས།

措烏奔當吉帝俄桑吉，

十萬曼荼羅堆俱證佛，

ལྷ་ཡི་རིག་འཛིན་རྣམས་ལ༔

拉伊仁增南拉索哇帝，

佛的持明聖眾我祈請，

ཨོ་རྒྱན་པདྨ་འབྱུང་གནས་ལ༔

鄔金貝瑪君內拉索哇帝。

鄔金蓮花生前我祈請。

འོག་ཕྱོགས་རྒྱ་མཚོ་ཆེན་པོའི་གཏིང་རུམ་དུ།

敖肖嘉措欽波當若都，

下方大海洋的深隧處，

སྤྱན་རས་གཟིགས་དབང་ཐུགས་ཀྱི་དགོངས་པ་ཡིས།

堅熱詩旺陀吉貢巴伊，

憑以觀音自在心密意，

ཀླུ་རྒྱལ་འཇོག་པོའི་གནས་སུ་གསུང་སྔགས་ཕྱིན།

勒嘉覺波內蘇松俄興，

安止龍王之處降密咒，

ཚོམ་བུ་འབུམ་དང་བཅས་ཏེ་མངོན་སངས་རྒྱས།

粗烏波當吉帝俄桑傑，

十萬曼荼羅堆俱證佛，

ཀླུ་ཡི་རིག་འཛིན་རྣམས་ལ༔

拉伊仁增南拉索哇帝，

龍的持明聖眾我祈請，

ཨོ་རྒྱན་པདྨ་འབྱུང་གནས་ལ༔

鄔金貝瑪君內拉索哇帝。

鄔金蓮花生前我祈請。

རི་རྒྱལ་མེ་རི་འབར་བའི་རྩེ་མོ་རུ།

惹嘉梅惹巴爾哇裁母若，

山王火山熾燃之頂首，

ཕྱག་ན་རྡོ་རྗེའི་ཐུགས་ཀྱི་དགོངས་པ་ཡིས།

夏那多傑陀吉貢巴伊，

憑以金剛手的心密意，

རྒྱལ་པོ་ཛཿཡི་གནས་སུ་གསང་སྔགས་བྱོན།

嘉烏乍伊內蘇桑俄興，

渣王國境降臨勝密咒，

གང་ཟག་ལས་ཅན་མ་ལུས་བྱང་ཆུབ་ཐོབ།

岡薩列堅瑪列香琪妥，

有緣之人無餘證菩提，

མི་ཡི་རིག་འཛིན་རྣམས་ལ༔

莫伊仁增南拉索哇帝，

人的持明聖眾我祈請，

ཨོ་རྒྱན་པདྨ་འབྱུང་གནས་ལ༔

鄔金貝瑪君內拉索哇帝。

鄔金蓮花生前我祈請。

ནུབ་ཕྱོགས་ཨོ་རྒྱན་དབང་གི་ཕོ་བྲང་དུ།

努肖鄔金旺格普章都，

西方鄔金自在宮殿中，

བདེ་གཤེགས་སྐུ་གསུང་ཐུགས་ཀྱི་སྤྲུལ་པ་སྟེ།

德夏格松陀吉智巴帝，

善逝如來身語意顯化，

འཛམ་བུའི་གླིང་དུ་འགྲོ་བའི་དོན་ལ་བྱོན།

作烏林都卓哇冬拉興，

為利眾生降臨瞻部洲，

རིག་འཛིན་མཁའ་འགྲོ་མང་པོའི་འཁོར་གྱིས་བསྐོར།

仁增卡卓芒波科吉果，

眾多持明空行眷圍繞，

པདྨ་འབྱུང་གནས་ཀྱི་ལྷ་ཚོགས་ལ༔

貝瑪君內吉拉措拉索哇帝，

蓮花生的聖眾我祈請，

ཨོ་རྒྱན་པདྨ་འབྱུང་གནས་ལ༔

鄔金貝瑪君內拉索哇帝。

鄔金蓮花生前我祈請。

ཆོས་སྐུ་ལོངས་སྐུ་སྤྲུལ་སྐུ་ཡང་སྤྲུལ་དང་།

切格龍格智格央智當，

法身報身化身再化身，

འདས་དང་མ་བྱོན་ད་ལྟ་དུས་གསུམ་གྱི།

德興瑪興達打德松吉，

過去未來現在之三世，

ཕྱོགས་བཅུའི་སངས་རྒྱས་རིག་འཛིན་བྱང་སེམས་ལ།

肖吉桑傑仁增香賽拉，

十方諸佛持明菩薩前，

བདག་ཅག་ལུས་ངག་ཡིད་གསུམ་གུས་པ་ཡིས།

達嘉列俄伊松格巴伊，

憑以我等身語意恭敬，

ཡིད་གཉིས་ཐེ་ཚོམ་མེད་པར་གསོལ༔

伊尼台措梅巴爾索哇帝。

且勿懷疑一心我祈請，

ཨོ་རྒྱན་པདྨ་འབྱུང་གནས་ལ་གསོལ་བ་འདེབས།།

鄔金貝瑪君內拉索哇帝。

鄔金蓮花生前我祈請。

三 空行智慧海勝請問祈請頌

ཨེ་མ་ཧོ།

唉瑪火！

奇呀哉！

འདི་ནས་ཉི་མ་ལྷོ་ནུབ་མཚམས་ཤེད་ན།

德內尼瑪洛努叉希那，

從這裡向太陽西南方，

གནས་ཆེན་རྡོ་རྗེ་གདན་གྱི་ནུབ་བྱང་མཚམས།

內欽多傑旦吉努香叉，

聖域金剛座之西北隅，

རྔ་ཡབ་གླིང་ཕྲན་ཟ་བྱེད་སྲིན་པོའི་ཡུལ།

俄雅林懺薩希珊波優，

拂塵小洲食肉羅剎地，

དུས་གསུམ་སངས་རྒྱས་རྣམས་ཀྱིས་བྱིན་བརླབས་པའི།

德松桑傑南吉興拉比，

三世諸佛如來垂加護，

གླིང་མཆོག་ཁྱད་པར་ཅན་ལ་གསོལ་བ་འདེབས།

林卻恰巴爾堅拉索哇帝，

殊勝妙拂洲前我祈請，

ཨོ་རྒྱན་པདྨ་འབྱུང་གནས་ལ་གསོལ་བ་འདེབས།

鄔金貝瑪君內拉索哇帝。

鄔金蓮花生前我祈請。

ཧཱུྃ༔

吽

སྔོན་གྱི་བསྐལ་པ་དང་པོ་འདས་པའི་དུས།

俄吉嘎巴當鄔帝比德，

往昔最初賢劫過去時，

མ་ཏྲཾ་རུ་དྲ་བསྒྲལ་བའི་ཟླས་བརྒྱད་ལ།

瑪扎若扎扎威支嘉拉，

誅伏瑪扎若扎成八段，

གསང་སྔགས་འབྱོན་པའི་གནས་བརྒྱད་བྱིན་གྱིས་བརླབས།

桑俄君比內嘉興吉拉，

密咒加持八處降臨地，

ཙི་ཏ་ཨོ་རྒྱན་གནས་སུ་བབས་པ་ལས།

支達鄔金內蘇哇巴列，

如意珍寶落到鄔金隅，

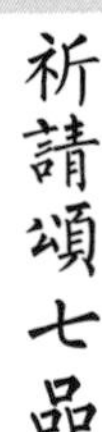

རྟེན་འབྲེལ་ཁྱད་པར་ཅན་ལ༔

登燕恰巴爾堅拉索哇帝，

殊勝緣起之處我祈請，

ཨོ་རྒྱན་པདྨ་འབྱུང་གནས་ལ༔

鄔金貝瑪君內拉索哇帝。

鄔金蓮花生前我祈請。

རྡོ་རྗེ་ཕག་མོས་བྱིན་གྱིས་བརླབས་པའི་གནས།

多傑亥母興吉拉比內，

金剛亥母賜加持之地，

མ་མོ་མཁའ་འགྲོ་ཐམས་ཅད་འདུ་བའི་གླིང་།

瑪母卡卓塔堅都比林，

所有空行天母集此洲，

གསང་སྔགས་བརྡ་ཡི་རང་སྒྲ་དི་རི་རི།

桑俄達伊讓扎帝惹惹，

表示密咒歡喜聲瑟瑟，

གནས་དེར་ཕྱིན་པ་ཙམ་གྱིས་བྱང་ཆུབ་ཐོབ།

內帝興巴乍吉香琪妥，

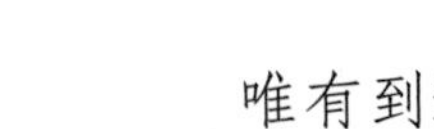

唯有到達此處證菩提，

གནས་མཆོག་ཁྱད་པར་ཅན་ལ༔

內卻恰巴爾堅拉索哇帝，

特別殊勝之處我祈請，

ཨོ་རྒྱན་པདྨ་འབྱུང་གནས་ལ༔

鄔金貝瑪君內拉索哇帝。

鄔金蓮花生前我祈請。

ཟངས་མདོག་དཔལ་གྱི་རི་བོ་ཙཏྟིའི་དབྱིབས།

桑多華吉惹鄔支帝伊，

銅色吉祥山之形如心，

རྩ་བ་ཀླུ་ཡི་རྒྱལ་པོའི་གནས་སུ་ཟུག

乍哇勒伊嘉波內蘇詩，

其根插入龍王之宮殿，

སྐེད་པ་ལྷུན་ཆགས་མཁའ་འགྲོའི་གནས་ན་བརྫིད།

格巴林恰卡卓內那吉，

腰部魁梧達到空行處，

རྩེ་མོ་ཚངས་པའི་འཇིག་རྟེན་སྣེགས་པ་འདྲ།

裁母倉比吉旦尼巴扎，

猶如抵達極頂梵天界，

རི་རྒྱལ་ཁྱད་པར་ཅན་ལ༔

惹嘉恰巴爾堅拉索哇帝，

山王殊勝者前我祈請，

ཨོ་རྒྱན་པདྨ་འབྱུང་གནས་ལ༔

鄔金貝瑪君內拉索哇帝。

鄔金蓮花生前我祈請。

དཔལ་གྱི་རི་བོ་འབར་བའི་རྩེ་མོ་ན།

華吉惹烏巴爾威次母那，

吉祥山熾燃之頂首處，

ཤར་ཕྱོགས་ཤེལ་ལ་ལྷོ་ཕྱོགས་བཻཌཱུརྻ།

夏爾肖希拉洛肖貝扎雅，

東方水晶南方吠琉璃，

ནུབ་ཕྱོགས་རཱ་ག་བྱང་ཕྱོགས་ཨིནྡྲའི་མདོག

努肖日阿嘎香肖厄扎多，

西方紅寶北方藍寶石，

ཕྱི་ནང་མེད་པར་གསལ་བའི་གཞལ་ཡས་ཁང་།

希囊美巴薩威雅伊康，

無有內外光明越量宮，

ཕོ་བྲང་ཁྱད་པར་ཅན་ལ༔

普章恰巴爾堅拉索哇帝，

殊勝宮殿之前我祈請，

ཨོ་རྒྱན་པདྨ་འབྱུང་གནས་ལ༔

鄔金貝瑪君內拉索哇帝。

鄔金蓮花生前我祈請。

གཞལ་ཡས་ཆེན་པོའི་ཕྱོགས་བཞི་མཚམས་བརྒྱད་དང་།

雅伊欽波肖伊叉嘉當，

大越量宮的四面八隅，

སྟེང་འོག་ཐམས་ཅད་རིན་པོ་ཆེ་ལས་གྲུབ།

當敖塔堅仁波切列智，

上下一切皆悉珍寶築，

ཁྱམས་དང་གྲུ་ཆད་སྒོ་འབུར་རིགས་བཞི་ཡང་།

恰當智恰洛波仁伊央，

迴廊格牆屋角四部分，

ཕྲིན་ལས་བཞི་ཡི་ཁ་དོག་སོ་སོར་གསལ།

赤列伊義卡多索索爾薩，

不同明現四種事業色，

祈請頌七品

ལྷུན་གྲུབ་གཞལ་ཡས་ཁང་ལ༔

林智雅伊康拉索哇帝，

任成越量宮前我祈請，

ཨོ་རྒྱན་པདྨ་འབྱུང་གནས་ལ༔

鄔金貝瑪君內拉索哇帝。

鄔金蓮花生前我祈請。

རྩིག་པ་འདོད་སྣམ་ཕ་གུ་དྲྭ་བ་དང་།

支巴多那帕格扎哇當，

牆壁臺階牆緣瓔珞網，

དྲྭ་ཕྱེད་མདའ་ཡབ་རིན་ཆེན་སྣ་ལྔ་གསལ།

扎希達雅仁欽那俄薩 ，

半瓔珞網短牆現五寶，

སྒོ་བཞི་རྟ་བབས་ཆོས་འཁོར་རྒྱན་རྣམས་ཀུན།

果伊達哇切科堅南更，

四門牌坊法輪諸飾等，

སྣ་ཚོགས་རིན་པོ་ཆེ་ཡིས་མཛེས་པར་བརྒྱན།

那措仁波切伊次巴堅，

是由各種珍寶華麗飾，

རིན་ཆེན་གཞལ་ཡས་ཁང་ལ༔

仁欽雅伊康拉索哇帝，

珍寶越量宮前我祈請，

ཨོ་རྒྱན་པདྨ་འབྱུང་གནས་ལ༔

鄔金貝瑪君內拉索哇帝。

鄔金蓮花生前我祈請。

དཔག་བསམ་ཤིང་དང་བདུད་རྩིའི་ཆུ་མིག་དང་།

華桑香當都支曲莫當，

如意寶樹以及甘露泉，

འཇའ་ཚོན་སྣ་ལྔས་ཕྱི་ནང་སྤྲིན་ལྟར་གཉིབས།

嘉璁那俄希囊貞達爾帝，

猶如內外雲漫五彩虹，

མེ་ཏོག་པདྨ་འོད་ཀྱིས་བར་སྣང་ཁེངས།

梅朵貝瑪敖吉哇爾囊康，

蓮花光芒虛空中充滿，

གནས་ང་དྲན་པ་ཙམ་གྱིས་བདེ་ཆེན་ཐོབ།

內俄詹巴乍吉德欽陀，

唯記彼處即可證大樂，

པདྨ་འོད་ཀྱི་གཞལ་ཡས་ཁང་ལཿ

貝瑪敖吉雅伊康拉索哇帝，

蓮花光越量宮我祈請，

ཨོ་རྒྱན་པདྨ་འབྱུང་གནས་ལཿ

鄔金貝瑪君內拉索哇帝。

鄔金蓮花生前我祈請。

གཞལ་ཡས་ཆེན་པོ་དེ་ཡི་ནང་ཤེད་ན།

雅伊欽波帝伊囊希那，

在彼廣大越量宮之內，

ཧཱུྃ་ཆེན་ཀ་རའི་བར་དུ་བྱིན་བརླབས་ཏེ།

吽欽迦日阿哇爾都興拉帝，

吽字事業之中賜加持，

རིན་ཆེན་ཟུར་བརྒྱད་ཉི་མ་ཟླ་བའི་གདན།

仁欽詩爾嘉尼瑪達威旦，

八角珍寶日月大法座，

མ་ཆགས་པདྨ་འབར་བའི་སྡོང་པོ་ལ།

瑪恰貝瑪巴爾哇冬波拉，

盛開無欲蓮花之上面，

པདྨ་འབྱུང་གནས་བདེ་གཤེགས་འདུས་པའི་སྐུ།

貝瑪君內德夏德比格，

蓮花生尊如是總集體，

རང་བྱུང་སྤྲུལ་པའི་སྐུ་ལ༔

讓雄智比格拉索哇帝，

自生化身之前我祈請，

ཨོ་རྒྱན་པདྨ་འབྱུང་གནས་ལ༔

鄔金貝瑪君內拉索哇帝。

鄔金蓮花生前我祈請。

ཞི་རྒྱས་དབང་དྲག་དོན་ལ་དགོངས་པའི་ཕྱིར།

希吉旺扎冬拉貢比希，

息增懷誅事業密意故，

སྐུ་མདོག་ཕྱག་མཚན་རྒྱན་རྣམས་མ་ངེས་ཀྱང་།

格多夏參堅南瑪尼江，

無定色身標幟諸裝飾，

ཉི་མ་སྟོང་གི་འོད་ལས་གཟི་མདངས་ཆེ།

尼瑪冬格敖列詩當切，

千日光芒風彩最豐盛，

རི་རྒྱལ་ལྷུན་པོ་བས་ཀྱང་བརྗིད་རེ་ཆེ།

惹嘉林波威江吉惹切，

須彌山王威勢最顯赫，

ཡ་མཚན་སྤྲུལ་པའི་སྐུ་ལ༔

雅參智比格拉索哇帝，

稀有化身之前我祈請，

ཨོ་རྒྱན་པདྨ་འབྱུང་གནས་ལ༔

鄔金貝瑪君內拉索哇帝。

鄔金蓮花生前我祈請。

ཐུགས་ཀྱི་སྤྲུལ་པས་འཇིག་རྟེན་ཁྱབ་པར་འགྱེད།

陀吉智比吉殿恰巴爾吉，

意的化身遍世間顯化，

སྤྱན་ཟ་ཉི་ཟླ་ལྟ་བུར་འཁྱིལ་ཞིང་གཟིགས།

堅作尼達打烏琪香詩，

眼睛猶如日月而圓睜，

ནམ་མཁའི་གློག་ལས་ཐུགས་རྗེའི་ཕྲིན་ལས་མྱུར།

南卡洛列陀吉赤列尼爾，

悲憫事業疾速如電掣，

དགོངས་པ་ཟབ་མོ་ནམ་མཁའི་ཀློང་དང་མཉམ།

貢巴薩母南卡隆當娘，

甚深密意如同虛空境，

ཐུགས་རྗེ་ཁྱད་པར་ཅན་ལཿ

陀吉恰巴爾堅拉索哇帝，

悲憫殊勝者前我祈請，

ཨོ་རྒྱན་པདྨ་འབྱུང་གནས་ལཿ

鄔金貝瑪君內拉索哇帝。

鄔金蓮花生前我祈請。

འགྲོ་བ་བརྩེ་བའི་ཐབས་ཀྱིས་འགྲོ་དོན་མཛད།

卓哇裁威塔吉卓冬乍，

慈悲有情善巧利眾生，

ཞལ་འཛུམ་མཛེས་པའི་མདངས་ལྡན་ཡ་ལ་ལ།

夏支次比當旦雅拉拉，

笑顏逐開端妙之神采，

འབྲུག་སྟོང་ལྡིར་བས་གསུང་གི་གདངས་སྒྲ་ཆེ།

智冬德爾威松格當扎切，

語之音聲勝比千龍吟，

གསང་སྔགས་ཟབ་མོའི་ཆོས་སྒྲ་དི་རི་རི།

桑俄薩母切扎德惹惹，

甚深密咒法音聲瑟瑟，

ཚངས་པའི་གསུངས་དབྱངས་སྒྲོགས་ལ༔

倉比松央卓拉索哇帝，

發出梵語聲律者祈請，

ཨོ་རྒྱན་པདྨ་འབྱུང་གནས་ལ༔

鄔金貝瑪君內拉索哇帝。

鄔金蓮花生前我祈請。

སྤྲུལ་སྐུ་ཆེན་པོའི་ཕྱོགས་བཞི་མཚམས་བརྒྱད་ན།

智格欽波肖伊叉嘉那，

大化身的四方八界中，

ལོག་པའི་དགྲ་བགེགས་བརྫིས་པའི་གདན་སྟེང་དུ།

洛比扎蓋支比旦當都，

足踏邪惡魔障之墊上，

སྐུ་གསུང་ཐུགས་དང་ཡོན་ཏན་ཕྲིན་ལས་ཀྱི།

格松陀當雲旦赤列吉，

身語意及功德和事業，

རིགས་ལྔ་བདེ་གཤེགས་བདུད་འདུལ་ཁྲོ་བོའི་ཚོགས།

仁俄帝夏都鬥楚吾措，

五方如來伏魔忿怒眾，

སྒྲུབ་ཆེན་བཀའ་བརྒྱད་ཀྱི་ལྷ་ཚོགས་ལཿ

智欽嘎嘉吉拉措拉索哇帝，

八大法行聖眾我祈請，

ཨོ་རྒྱན་པདྨ་འབྱུང་གནས་ལ།

鄔金貝瑪君內拉索哇帝。

鄔金蓮花生前我祈請。

ཕྱོགས་བཞི་པདྨ་འདབ་བཞིའི་གདན་སྟེང་དུ།

肖伊貝瑪達伊旦當都，

四方四瓣蓮花之座上，

རིགས་བཞིའི་གིང་དང་མཁའ་འགྲོ་སྡེ་བཞིའི་ཚོགས།

仁伊冈當卡卓帝伊措，

四部鬼卒四部空行眾，

ཐམས་ཅད་མ་ལུས་དུར་ཁྲོད་ཆས་དང་ལྡན།

塔堅瑪列都爾楚琪當旦，

一切無餘屍林裝飾俱，

藏傳佛教寧瑪派日常法行念誦儀軌

མཛེས་པའི་རྒྱན་ལྡན་རོལ་པའི་སྟབས་སུ་བཞུགས།

才比堅旦若比達蘇秀，

華麗嚴飾嬉戲姿而立，

ཡེ་ཤེས་མཁའ་འགྲོ་ཡབ་ཡུམ་ལ༔

伊希卡卓雅隅拉索哇帝，

智慧空行父母我祈請，

ཨོ་རྒྱན་པདྨ་འབྱུང་གནས་ལ༔

鄔金貝瑪君內拉索哇帝。

鄔金蓮花生前我祈請。

གཞལ་ཡས་ཆེན་པོའི་ཕྱོགས་བཞིའི་བར་ཁྱམས་དང་།

雅伊欽波肖伊哇恰當，

大越量宮四方之迴廊，

གྲྭ་ཚད་སྒོ་འབུར་རིག་འཛིན་མཁའ་འགྲོས་ཁེངས།

智恰洛波爾仁增卡卓康，

格網壁簷盡持明空行，

ལྷ་དང་ལྷ་མོ་མང་པོ་སྤྲིན་ལྟར་གཏིབས།

拉當拉母芒波貞達爾德，

眾多天神天女如雲罩，

ཕྱི་ནང་གསང་བའི་མཆོད་པ་སྣ་ཚོགས་འབུལ།

希囊桑威卻巴那措波，

供養諸種內外密供品，

མ་མོ་མཁའ་འགྲོའི་ལྷ་ཚོགས་ལ༔

瑪母卡卓拉措拉索哇帝，

空行天母聖眾我祈請，

ཨོ་རྒྱན་པདྨ་འབྱུང་གནས་ལ༔

鄔金貝瑪君內拉索哇帝。

鄔金蓮花生前我祈請。

རིན་ཆེན་གཞལ་ཡས་ཁང་གི་འདོད་སྣམ་ལ།

仁欽雅伊康格多南拉，

珍寶越量宮的供女台⑫

མཆོད་པའི་ལྷ་མོ་ཆར་སྤྲིན་ལྟ་བུར་གཏི

卻比拉母恰爾貞達烏德，

供養天女密佈如雲雨，

འདོད་ཡོན་དྲུག་གི་མཆོད་པས་འཛིག་རྟེན་ཁེངས།

多雲智格卻比吉殿康，

六種妙欲⑬供養遍世間，

ཀུན་ཏུ་བཟང་པོའི་མཆོད་པས་བདེ་གཤེགས་མཆོད།

更都桑波卻比帝夏卻，

普賢供養供善逝如來，

ཡོན་ཏན་ཀུན་འབྱུང་གི་ལྷ་ཚོགས་ལ༔

雲旦更君格拉措拉索哇帝，

功德總集聖眾我祈請，

ཨོ་རྒྱན་པདྨ་འབྱུང་གནས་ལ༔

鄔金貝瑪君內拉索哇帝。

鄔金蓮花生前我祈請。

གཞལ་ཡས་ཆེན་པོའི་ཕྱོགས་ཀྱི་སྒོ་བཞི་ན།

雅伊欽波肖吉果伊那，

大越量宮四方四門處，

རྒྱ་ཆེན་སྡེ་པའི་བསྒོ་བའི་བཀའ་ཉན་མཛད།

嘉欽帝比果威嘎寧乍，

四大天王聽聞佛教誡，

ལྷ་སྲིན་སྡེ་བརྒྱད་བྲན་དང་ཕོ་ཉར་འཁྱེད།

拉珊帝嘉占當普娘吉，

天龍八部派遣僕役使，

བདུད་དང་མུ་སྟེགས་རྡུལ་ཕྲན་བཞིན་དུ་འདུལ།

都當莫達都懺音都門，

降伏猶如微塵外道魔，

ཆོས་སྐྱོང་སྲུང་མའི་ལྷ་ཚོགས་ལ༔

切君梳瑪拉措拉索哇帝，

護法聖眾之前我祈請，

ཨོ་རྒྱན་པདྨ་འབྱུང་གནས་ལ༔

鄔金貝瑪君內拉索哇帝。

鄔金蓮花生前我祈請。

ཧཱུྃ༔

吽

ཞེངས་ཤིག་པདྨ་འབྱུང་གནས་མཁའ་འགྲོའི་ཚོགས།

伊希貝瑪君內卡卓措，

起立蓮花生如眾空行，

དགོངས་ཤིག་ཕྱོགས་བཅུ་དུས་གསུམ་བདེ་གཤེགས་རྣམས།

貢希肖吉德松帝夏南，

密意十方三世一切佛，

རྗེ་བཙུན་ཆེན་པོ་པདྨ་ཐོད་ཕྲེང་རྩལ།

吉贊欽波貝瑪妥昌作，

偉大尊者蓮花顱鬘尊，

རིག་འཛིན་མཁའ་འགྲོའི་གནས་ནས་གཤེགས་སུ་གསོལ།

仁增卡卓內來歇蘇索，

祈從持明空行處降臨，

དབུ་སྐྲ་མཛེས་པའི་ཐོར་ཚུགས་ཤིགས་སེ་ཤིག།

烏扎次比陀慈希賽希，

頭上妙端頂髻翩翩然，

རིན་ཆེན་རྒྱན་ཆ་མང་པོ་སི་ལི་ལི།

仁欽堅恰芒波塞勒勒，

諸多珍寶裝飾翩翩然，

祈請頌七品

དུར་ཁྲོད་རུས་པའི་རྒྱན་ཆ་ཁྲོ་ལོ་ལོ།

都爾楚惹比堅恰梆洛洛，

屍林骨頭飾品叮咚響，

སྒྲ་དང་རོལ་མོ་མང་པོ་ཅ་རུ་རུ།

扎當若母芒波敖若若，

諸多聲律器樂齊奏鳴，

ཡི་དམ་ལྷ་ཚོགས་ཧཱུྃ་སྒྲ་དི་རི་རི།

伊達拉措吽扎嘟惹惹，

本尊聖眾「吽」聲轟隆隆，

མཁའ་འགྲོ་སྡེ་ལྔ་གར་བྱེད་ཤིགས་སེ་ཤིག །

卡卓帝俄嘎爾希息塞息，

五部空行翩躚姿態舞，

གིང་ཆེན་དཔའ་བོས་བྲོ་བརྡུང་ཁྲབས་སེ་ཁྲབ།

貢欽華烏卓冬查塞查，

神使勇士舞動鎧甲錚，

མ་མོ་མཁའ་འགྲོ་སྤྲིན་ལྟར་ཐིབས་སེ་ཐིབ།

瑪母卡卓貞達爾特塞特，

空行天母如雲霧濛濛，

ཆོས་སྐྱོང་སྡེ་བརྒྱད་ལས་བྱེད་ཁྱུགས་སེ་ཁྱུག།

切君帝嘉列希曲塞曲，

八部護法行動如電掣，

ཞུམ་ཆེན་སྟོང་གི་སྒྲ་སྐད་སི་ལི་ལི།

希欽冬格扎嘎塞勒勒，

成千鐵甲重鎧錚錚響，

གཡས་ན་ཕོ་རྒྱུད་ཐམས་ཅད་ཤ་ར་ར།

伊那普吉塔堅夏熱熱，

右方一切父續暢無阻，

གཡོན་ན་མོ་རྒྱུད་ཐམས་ཅད་ཤ་ར་ར།

雲那母吉塔堅夏熱熱，

左方母續悉盡直排列，

བར་སྣང་ཐམས་ཅད་དར་གདུགས་ལྷབས་སེ་ལྷབ།

哇爾囊塔堅達爾都拉塞拉，

虛空一切傘蓋幟識飄，

དྲི་ཞིམ་སྤོས་ཀྱི་ངད་ལྡང་ཐུ་ལུ་ལུ།

智希百吉俄當陀勒勒，

馥郁微妙薰香氣味噴，

མཁའ་འགྲོ་གསང་བའི་བརྡ་སྐད་དི་རི་རི།

卡卓桑威達嘎嘟惹惹，

空行秘密音符轟隆隆，

གིང་ཆེན་དཔའ་བོའི་བཞུག་གླུ་ཀྱུ་རུ་རུ།

岡欽華烏希勒吉惹惹，

神使勇士歌聲啁啾啾，

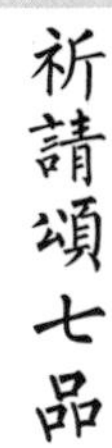

ཧཱུྃ་གི་སྣང་གླུ་མང་པོ་དི་རི་རི།

吽格囊勒芒波德惹惹，

諸多「吽」字明歌轟轟鳴，

ཕཊ་ཀྱི་བརྡ་སྐད་དྲག་པོ་སངས་སེ་སང་།

拍吉達嘎扎波桑塞桑，

「呸」字猛利音符極嘹亮，

བདག་དང་འགྲོ་དྲུག་སེམས་ཅན་ཐམས་ཅད་ལ།

達當卓智賽堅塔堅拉，

我與一切六趣眾有情，

ཐུགས་རྗེས་གཟིགས་ལ་གནས་འདིར་གཤེགས་སུ་གསོལ།

陀吉詩拉內德歇蘇索，

悲憫照見祈降臨此處，

གནས་འདིར་ཐུགས་རྗེས་དགོངས་ཏེ་གཤེགས་ནས་ཀྱང་།

賴德陀吉貢帝歇內江，

於此悲憫密意之降臨，

བདག་གིས་བྱང་ཆུབ་སྙིང་པོ་མ་ཐོབ་པར།

達格香琪寧波瑪妥巴爾，

因我菩提心中未證得，

བགེགས་དང་ལོག་འདྲེན་བར་ཆད་འདུལ་བ་དང་།

嘎當洛詹哇爾恰都哇當，

祈請降伏邪魔法障等，

མཆོག་དང་ཐུན་མོང་དངོས་གྲུབ་སྩལ་དུ་གསོལ།

卻當彤萌俄智乍都索，

祈請賜與共同之悉地，

འཁོར་བ་སྡུག་བསྔལ་གྱི་རྒྱ་མཚོ་ལས་བསྒྲལ་དུ་གསོལ།།

科哇都俄吉嘉措列扎都索。

祈請從輪迴苦海救度。

四　南開寧波請問祈請頌

ཨེ་མ་ཧོ།

唉麻火！

奇呀哉！

སྤྲོས་བྲལ་བདེ་ཆེན་རྒྱལ་བ་ཀུན་ཏུ་བཟང་།

蔗扎德欽嘉哇更都桑，

離戲大樂原始普賢王，

རིགས་ལྔའི་སངས་རྒྱས་དྲུག་པོ་རྡོ་རྗེ་འཆང་།

仁俄桑傑智波多傑強，

五部怙主第六金剛持，

འགྲོ་དྲུག་དོན་མཛད་བྱང་ཆུབ་སེམས་དཔའི་སྐུ།

卓智冬乍香琪賽華格，

利樂六道菩提薩埵身，

ཆོས་སྐུ་ལོངས་སྐུ་སྤྲུལ་སྐུ་རྣམ་པ་གསུམ།

切格龍格智格南巴松，

法身報身應化身三種，

རྒྱལ་བ་དགོངས་པའི་བརྒྱུད་ལ་གསོལ་བ་འདེབས།

嘉哇貢比吉拉索哇帝，

如來密意傳承我祈請，

祈請頌七品

ཨོ་རྒྱན་པདྨ་འབྱུང་གནས་ལ༔

鄔金貝瑪君內拉索哇帝。

鄔金蓮花生前我祈請。

གྲགས་ལྡན་མཆོག་སྐྱོང་གནོད་སྦྱིན་སྐར་མདའ་གདོང་།

扎旦仰君努興嘎爾達冬，

聞各勝護藥叉當頭星⑭，

བློ་གྲོས་ཐབས་ལྡན་ཀླུ་རྒྱལ་འཇོག་པོ་དང་།

洛智塔旦勒嘉覺波當，

善巧方便智具安止王，

དྲི་མེད་གྲགས་པ་ལས་ཅན་རྒྱལ་པོ་ཛ།

智美扎巴列堅嘉烏乍，

無垢聞名有緣「扎」國王，

རིག་འཛིན་ལྷ་དབང་བརྒྱ་བྱིན་ལ་སོགས་ཏེ།

仁增拉旺嘉興拉索帝，

持明帝釋天王中等等，

རིག་འཛིན་རིག་པའི་བརྒྱུད་པ་ལ༔

仁增仁比吉巴拉索哇帝，

持明智慧傳承我祈請，

ཨོ་རྒྱན་པདྨ་འབྱུང་གནས་ལ༔

鄔金貝瑪君內拉索哇帝。

鄔金蓮花生前我祈請。

ཆོས་སྐུ་ཀུན་ཏུ་བཟང་པོའི་དགོངས་པ་ཡིས།

切格更都桑波貢巴伊，

憑以法身普賢王密意，

རྡོ་རྗེ་སེམས་དཔའ་དགའ་རབ་རྡོ་རྗེ་དང་།

多傑賽華嘎日阿多傑當，

金剛薩埵及極喜金剛，

ཤྲཱི་སིངྷའི་བར་དུ་བྱིན་བརླབས་ཏེ།

釋迦桑蓋哇都興拉帝，

釋迦獅子之前賜加持，

འདས་དང་མ་བྱོན་ད་ལྟ་དུས་གསུམ་གྱི།

帝當瑪興達打德松吉，

過去未來現在三世中，

རྫོགས་ཆེན་བརྒྱུད་པའི་བླ་མ་ལ༔

佐欽吉比喇嘛拉索哇帝，

大圓滿傳承師我祈請，

ཨོ་རྒྱན་པདྨ་འབྱུང་གནས་ལ༔

鄔金貝瑪君內拉索哇帝。

鄔金蓮花生前我祈請。

རྒྱལ་བ་ཆོས་ཀྱི་སྐུ་ཡི་དགོངས་པ་ཡིས།

嘉哇切吉格伊貢巴伊，

憑以佛的法身勝密意，

བདེ་གཤེགས་རིགས་ལྔ་རིགས་གསུམ་མགོན་པོ་དང་།

帝夏仁俄仁松貢波當，

五方如來及三姓怙主，

སངས་རྒྱས་གསང་བའི་བར་དུ་བྱིན་བརླབས་ཏེ།

桑傑桑威哇爾都興拉帝，

佛的密咒之中賜加持，

འདས་དང་མ་བྱོན་ད་ལྟ་དུས་གསུམ་གྱི།

德當瑪興達打德松吉，

過去未來現在三世中，

སྐུ་འཕྲུལ་བརྒྱུད་པའི་བླ་མ་ལ༔

吉赤吉比喇嘛拉索哇帝，

神變傳承上師我祈請，

ཨོ་རྒྱན་པདྨ་འབྱུང་གནས་ལ༔

鄔金貝瑪君內拉索哇帝。

鄔金蓮花生前我祈請。

འཇམདཔལ་ཡ་མནྟ་ཀའི་དགོངས་པ་ཡིས།

嘉華雅曼達嘎貢巴伊，

憑以文殊大威德密意，

སློབ་དཔོན་ཆེན་པོ་འཇམ་དཔལ་བཤེས་གཉེན་དང་།

洛本欽波嘉華希寧當，

大教授上師妙吉祥友，

རོ་ལངས་བདེ་བའི་བར་དུ་བྱིན་བརླབས་ཏེ།

若朗帝威哇爾都興拉帝，

起屍平安之中賜加持，

འདས་དང་མ་བྱོན་ད་ལྟ་དུས་གསུམ་གྱི།

德當瑪興達打德松吉，

過去未來現在三世中，

སྐུ་ཡི་བརྒྱུད་པའི་བླ་མ་ལ༔

格伊吉比喇嘛拉索哇帝，

身傳承之上師我祈請，

ཨོ་རྒྱན་པདྨ་འབྱུང་གནས་ལ༔

鄔金貝瑪君內拉索哇帝。

鄔金蓮花生前我祈請。

པདྨ་ཧེ་རུ་ཀ་ཡི་དགོངས་པ་ཡིས།

貝瑪黑如嘎伊貢巴伊，

憑以蓮花黑如嘎密意，

དབང་གི་ལྷ་མོ་ནཱ་ག་རྫུ་ན་དང་།

旺格拉母那嘎支納當，

及自在佛母那嘎支納，

པདྨ་འབྱུང་གནས་བར་དུ་བྱིན་བརླབས་ཏེ།

貝瑪君內哇爾都興拉帝，

蓮花生的中間賜加持，

འདས་དང་མ་བྱོན་ད་ལྟ་དུས་གསུམ་གྱི།

德當瑪興達打德松吉，

過去未來現在三世中，

གསུང་གི་བརྒྱུད་པའི་བླ་མ་ལ༔

松格吉比喇嘛拉索哇帝，

語的傳承上師我祈請，

ཨོ་རྒྱན་པདྨ་འབྱུང་གནས་ལ༔

鄔金貝瑪君內拉索哇帝。

鄔金蓮花生前我祈請。

བཛྲ་ཧེ་རུ་ཀ་ཡི་དགོངས་པ་ཡིས།

貝雜爾黑如嘎伊貢巴伊，

憑以金剛黑如迦密意，

དགའ་རབ་རྡོ་རྗེ་འཇམ་དཔལ་བཤེས་གཉེན་དང་།

噶日阿多傑嘉華希寧當，

極喜金剛和妙吉祥友，

ཧཱུྃ་ཆེན་ཀ་རའི་བར་དུ་བྱིན་བརླབས་ཏེ།

吽欽迦日阿哇爾都興拉帝，

吽字事業之中賜如持，

吽欽噶日阿哇爾嘟興拉帝，

吽字事業之中賜加持，

འདས་དང་མ་བྱོན་ད་ལྟ་དུས་གསུམ་གྱི།

德當瑪興達打德松吉，

過去未來現在三世中，

ཐུགས་ཀྱི་བརྒྱུད་པའི་བླ་མ་ལ༔

陀吉傑比喇嘛拉索哇帝，

意的傳承上師我祈請，

ཨོ་རྒྱན་པདྨ་འབྱུང་གནས་ལ༔

鄔金貝瑪君內拉索哇帝。

鄔金蓮花生前我祈請。

ཆེ་མཆོག་ཧེ་རུ་ཀ་ཡི་དགོངས་པ་ཡིས།

切卻黑如嘎伊貢巴伊，

憑以大勝黑如嘎密意，

སྤྲུལ་པའི་མཁའ་འགྲོ་རིག་འཛིན་མང་པོ་དང་།

智比卡卓仁增芒波當，

諸多化身空行持明眾，

མི་འགྱུར་ནམ་མཁའི་བར་དུ་བྱིན་བརླབས་ཏེ།

莫吉南卡哇爾都興拉帝，

不動虛空之中賜加持，

འདས་དང་མ་བྱོན་ད་ལྟ་དུས་གསུམ་གྱི།

德當瑪興達打德松吉，

過去未來現在三世中，

ཡོན་ཏན་བརྒྱུད་པའི་བླ་མ་ལ༔

雲旦吉比喇嘛拉索哇帝，

功德傳承上師我祈請，

ཨོ་རྒྱན་པདྨ་འབྱུང་གནས་ལ༔

鄔金貝瑪君內拉索哇帝。

鄔金蓮花生前我祈請。

དཔལ་ཆེན་རྡོ་རྗེ་གཞོན་ནུ་དགོངས་པ་ཡིས།

華欽多傑雲努貢巴伊，

憑以具德金剛童密意，

ལྷུན་གྲུབ་ཕྱག་རྒྱ་ཆེན་པོའི་རིག་འཛིན་དང་།

林智夏嘉欽波仁增當，

任運成就大手印持明，

རྡོ་རྗེ་ཐོད་ཕྲེང་རྩལ་ལ་བྱིན་བརླབས་ཏེ།

多傑妥昌作拉興拉帝，

金剛顱鬘尊前賜加持，

འདས་དང་མ་བྱོན་ད་ལྟ་དུས་གསུམ་གྱི།

德當瑪興達打德松吉，

過去未來現在三世中，

ཕྲིན་ལས་བརྒྱུད་པའི་བླ་མ་ལ༔

赤列吉比喇嘛拉索哇帝，

事業傳承上師我祈請，

ཨོ་རྒྱན་པདྨ་འབྱུང་གནས་ལ༔

鄔金貝瑪君內拉索哇帝。

鄔金蓮花生前我祈請。

祈請頌七品

མངོན་རྫོགས་རྒྱལ་པོ་ཆེ་མཆོག་ཧེ་རུ་ཀ།

俄佐嘉烏切卻黑如嘎，

圓滿明王大勝黑如嘎，

མ་རྒྱུད་ལྷ་མོ་ཡོངས་འཁྱུད་བདེ་མ་དང་།

瑪姬拉母雲琪帝瑪當，

母續天母遍抱持樂母，

ཛྙ་ན་སིཾ་སྐྲིའི་བར་དུ་བྱིན་བརླབས་ཏེ།

達那賽智哇爾都興拉帝，

達納桑扎之中賜加持，

འདས་དང་མ་བྱོན་ད་ལྟ་དུས་གསུམ་གྱི།

德當瑪興達打德松吉，

過去未來現在三世中，

སྲིད་པ་མ་རྒྱུད་ཀྱི་བླ་མ་ལ༔

詩巴瑪傑吉喇嘛拉索哇帝，

世間母續上師我祈請，

ཨོ་རྒྱན་པདྨ་འབྱུང་གནས་ལ༔

鄔金貝瑪君內拉索哇帝。

鄔金蓮花生前我祈請。

བཅོམ་ལྡན་དྲེགས་པ་ཀུན་འདུལ་དགོངས་པ་ཡིས།

覺旦扎巴更都貢巴伊，

憑以有壞密意慢悉伏，

རཾ་བུ་གུ་ཧྱ་ཙནྡྲའི་ཐུགས་བརྒྱུད་ནས།

讓波格哈雅贊扎陀吉內，

燃波格嘿贊扎意傳承，

ཤཱཀྱ་སེངྒེའི་བར་དུ་བྱིན་བརླབས་ཏེ།

釋迦桑蓋哇爾都興拉帝，

釋迦獅子之中賜加持，

འདས་དང་མ་བྱོན་ད་ལྟ་དུས་གསུམ་གྱི།

德當瑪興達打德松吉，

過去未來現在三世中，

མཆོད་བསྟོད་བརྒྱུད་པའི་བླ་མ་ལ༔

卻多吉比喇嘛拉索哇帝，

供贊傳承上師我祈請，

ཨོ་རྒྱན་པདྨ་འབྱུང་གནས་ལ༔

鄔金貝瑪君內拉索哇帝。

鄔金蓮花生前我祈請。

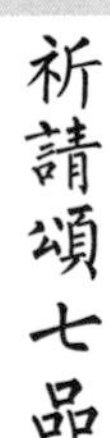

དཔལ་ཆེན་སྟོབས་ལྡན་ནག་པོའི་དགོངས་པ་ཡིས།

華欽多旦那波貢巴伊，

憑以吉祥黑力士密意，

སློབ་དཔོན་ཤྲཱི་ཧཱུྃ་ཀཱ་ར་འི་ཐུགས་བརྒྱུད་ནས།

洛本顯達迦巴陀吉內，

教授顯達迦巴意傳承，

རྡོ་རྗེ་གྲོ་ལོད་རྩལ་ལ་བྱིན་བརླབས་ཏེ།

多傑卓洛乍拉興拉帝，

多傑卓洛[15]之中賜加持，

འདས་དང་མ་བྱོན་ད་ལྟ་དུས་གསུམ་གྱི།

德當瑪興達打德松吉，

過去未來現在三世中，

དྲག་སྔགས་བརྒྱུད་པའི་བླ་མ་ལ༔

扎俄吉比喇嘛拉索哇帝，

猛咒傳承上師我祈請，

ཨོ་རྒྱན་པདྨ་འབྱུང་གནས་ལ༔

鄔金貝瑪君內拉索哇帝。

鄔金蓮花生前我祈請。

མགོན་པོ་ཚེ་དཔག་མེད་ཀྱི་དགོངས་པ་ཡིས།

貢波次華美吉貢巴伊，

憑以怙主無量壽密意，

ལྷ་མོ་ཙནྡ་ལི་ལ་ཐུགས་བརྒྱུད་ནས།

拉母贊扎列拉陀吉內，

天母旃陀離[16]中意傳承，

འཆི་མེད་པདྨ་འབྱུང་གནས་བྱིན་བརླབས་ཏེ།

琪美貝瑪君內興拉帝，

無死蓮花源中賜加持，

འདས་དང་མ་བྱོན་ད་ལྟ་དུས་གསུམ་གྱི།

德當瑪興達打德松吉，

過去未來現在三世中，

ཚེ་ཡི་རིག་འཛིན་རྣམས་ལ༔

次伊仁增南拉索哇帝，

長壽持明聖眾我祈請，

ཨོ་རྒྱན་པདྨ་འབྱུང་གནས་ལ༔

鄔金貝瑪君內拉索哇帝。

鄔金蓮花生前我祈請。

རྡོ་རྗེ་ཕག་མོའི་ཐུགས་ཀྱི་དགོངས་པ་ཡིས།

多傑亥母陀吉貢巴伊，

憑以金剛亥母心密意，

མཁའ་འགྲོ་སེང་གེའི་གདོང་ཅན་ཐུགས་བརྒྱུད་ནས།

卡卓桑蓋冬堅陀吉內，

已經獅面空行意傳承，

རྡོ་རྗེ་དྲག་པོ་རྩལ་ལ་བྱིན་བརླབས་ཏེ།

多傑扎波乍拉興拉帝，

威猛金剛之中賜加持，

འདས་དང་མ་བྱོན་ད་ལྟ་དུས་གསུམ་གྱི།

德當瑪興達打德松吉，

過去未來現在三世中，

གསང་སྔགས་མ་རྒྱུད་ཀྱི་བླ་མ་ལ༔

桑俄瑪傑吉喇嘛拉索哇帝，

密咒母續上師我祈請，

ཨོ་རྒྱན་པདྨ་འབྱུང་གནས་ལ༔

鄔金貝瑪君內拉索哇帝。

鄔金蓮花生前我祈請。

རྡོ་རྗེ་ཁྲག་འཐུང་ཐུགས་ཀྱི་དགོངས་པ་ཡིས།

多傑叉彤陀吉貢巴伊，

憑以飲血金剛心密意，

སྤྲུལ་སྐུ་པདྨ་འབྱུང་གནས་ཐུགས་བརྒྱུད་ནས།

智格貝瑪君內陀吉內，

從化身蓮花生心傳承，

འཛམ་གླིང་བོད་ཀྱི་ལས་ཅན་བྱིན་བརླབས་ཏེ།

作林烏吉列堅興拉帝，

贍洲藏土有緣賜加持，

འདས་དང་མ་བྱོན་ད་ལྟ་དུས་གསུམ་གྱི།

德當瑪興達打德松吉，

過去未來現在三世中，

གསང་སྔགས་འདུས་བརྒྱུད་ཀྱི་བླ་མ་ལ༔

桑俄德傑吉喇嘛拉索哇帝，

密咒總傳上師我祈請，

ཨོ་རྒྱན་པདྨ་འབྱུང་གནས་ལ༔

鄔金貝瑪君內拉索哇帝。

鄔金蓮花生前我祈請。

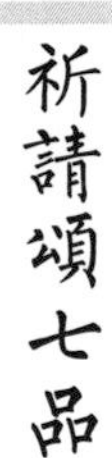

འདས་པའི་སངས་རྒྱས་རྣམས་ཀྱི་དགོངས་པ་ཡིས།

德比桑傑南吉貢巴伊，

憑以過去諸佛勝密意，

སངས་རྒྱས་ཤཱཀྱ་ཐུབ་པའི་ཐུགས་བརྒྱུད་ནས།

桑傑釋迦土比陀吉內，

經由釋迦能仁心傳承，

བོདྷི་ས་ཏྭའི་བར་དུ་བྱིན་བརླབས་ཏེ།

菩提薩埵哇爾都興拉帝，

菩提薩埵之中賜加持，

འདས་དང་མ་བྱོན་ད་ལྟ་དུས་གསུམ་གྱི།

德當瑪興達打德松吉，

過去未來現在三世中，

རྒྱུ་འབྲས་དོན་སྟོན་གྱི་བླ་མ་ལ༔

吉知冬頓吉喇嘛拉索哇帝，

因果義顯[17]上師我祈請，

ཨོ་རྒྱན་པདྨ་འབྱུང་གནས་ལ༔

鄔金貝瑪君內拉索哇帝。

鄔金蓮花生前我祈請。

རིག་འཛིན་བྱང་ཆུབ་སེམས་དཔའི་དགོངས་པ་ཡིས།

仁增香琪賽華貢巴伊，

憑以持明菩薩之密意，

གང་ཟག་ལས་ཅན་རྣམས་ལ་བྱིན་བརླབས་ཏེ།

岡薩列堅南拉興拉帝，

是請有緣者中賜加持，

དུས་ཚོད་འདི་ནས་ལྔ་བརྒྱའི་ཐ་མའི་བར།

德措德內俄嘉塔瑪哇爾，

從這時至五百劫末間，

གསང་སྔགས་བཀའ་བཞིན་བསྒྲུབ་པའི་དམ་ཚིག་ཅན།

桑俄迦音智比達次堅，

依密咒修此間立誓言，

གང་ཟག་སྙན་ཁུངས་བརྒྱུད་པ་ལ༔

岡薩寧孔吉巴拉索哇帝，

人的耳聞傳承我祈請，

ཨོ་རྒྱན་པདྨ་འབྱུང་གནས་ལ༔

鄔金貝瑪君內拉索哇帝。

鄔金蓮花生前我祈請。

འདི་ལྟར་མིག་གི་ཡུལ་དུ་སྣང་བ་ཡི།

德達莫格優都囊哇伊，

如是眼根境中而示現，

ཕྱི་ནང་སྣོད་བཅུད་དངོས་པོ་ཐམས་ཅད་ཀུན།

希囊努吉俄波塔堅更，

內外情器世間諸一切，

སྣང་བ་བདག་འཛིན་མེད་པའི་ངང་ལ་ཞོག

囊哇達增美比昂拉肖。

雖現亦無我境中安住。

གཟུང་འཛིན་དག་པ་གསལ་སྟོང་ལྷ་ཡི་སྐུ།

松增達巴薩冬拉伊格，

能取所取淨明空佛身，

འདོད་ཆགས་རང་གྲོལ་གྱི་བླ་མ་ལ༔

多恰讓卓吉喇嘛拉索哇帝，

貪自解脱上師我祈請，

ཨོ་རྒྱན་པདྨ་འབྱུང་གནས་ལ༔

鄔金貝瑪君內拉索哇帝。

鄔金蓮花生前我祈請。

འདི་ལྟར་རྣ་བའི་ཡུལ་དུ་གྲགས་པ་ཡི།

德達爾那威隅都扎巴伊，

如是耳根之處所聽聞，

སྙན་དང་མི་སྙན་འཛིན་པའི་སྒྲ་རྣམས་ཀུན།

寧當莫寧增比扎南更，

聞與不聞執著一切聲，

གྲགས་སྟོང་བསམ་མནོ་བྲལ་བའི་ངང་ལ་ཞོག།

扎冬桑努扎威昂拉肖，

安住鳴空非想之性相，

གྲགས་སྟོང་སྐྱེ་འགག་མེད་པ་རྒྱལ་བའི་གསུང་།

扎冬吉嘎美巴嘉威松，

千聲不生不滅佛聖教，

གྲགས་སྟོང་རྒྱལ་བའི་གསུང་ལ༔

扎冬嘉威松拉索哇帝，

佛之千聲教前我祈請，

ཨོ་རྒྱན་པདྨ་འབྱུང་གནས་ལ༔

鄔金貝瑪君內南索哇帝。

鄔金蓮花生前我祈請。

འདི་ལྟར་ཡིད་ཀྱི་ཡུལ་དུ་འགྱུ་བ་ཡི།

德達伊吉隅都吉哇伊，

如是意境之中而波動，

ཉོན་མོངས་དུག་ལྔའི་རྟོག་པ་ཅི་ཤར་ཡང་།

寧萌都俄多巴吉夏央，

無明五毒尋思一切生，

སྔོན་བསུ་རྗེས་དཔྱོད་བློ་ཡིས་བཅོས་མི་གཞུག།

俄蘇吉肖洛伊覺莫秀，

承前隨即尋思不改變，

འགྱུ་བ་རང་སར་བཞག་པས་ཆོས་སྐུར་གྲོལ།

吉哇讓薩雅比切格卓，

捨斷雜念法身中解脫，

རིག་པ་རང་གྲོལ་གྱི་བླ་མ་ལ༔

仁巴讓卓吉喇嘛拉索哇帝，

明白解脫上師我祈請，

ཨོ་རྒྱན་པདྨ་འབྱུང་གནས་ལ༔

鄔金貝瑪君內拉索哇帝。

鄔金蓮花生前我祈請。

ཕྱི་ལྟར་གཟུགས་བའི་ཡུལ་སྣང་དག་པ་དང་།

希達詩威優囊達巴當，

在外所執之境能淨除，

ནང་ལྟར་འཛིན་པའི་སེམས་ཉིད་གྲོལ་བ་དང་།

囊達增比賽尼卓哇當，

在內所取之心證解脫，

བར་དུ་འོད་གསལ་རང་ངོ་ཤེས་པ་རུ།

哇爾都敖薩讓俄希巴若，

中間辨識光明自體性，

དུས་གསུམ་བདེ་གཤེགས་རྣམས་ཀྱི་ཐུགས་རྗེ་ཡིས།

德松帝夏南吉陀吉伊，

憑以三世諸佛之悲憫，

བདག་འདྲའི་རང་རྒྱུད་གྲོལ་བར་བྱིན་གྱིས་རློབས།།

達扎讓吉卓哇爾興吉隆！

如我自續解脫賜加持！

五 納南登君請問祈請頌

ཨེ་མ་ཧོ།

唉瑪火！

奇呀哉！

ནུབ་བྱང་རྔ་ཡབ་གླིང་ཕྲན་སྲིན་པོའི་ཡུལ།

洛努俄雅林赤詩波由，

西南拂塵小洲羅剎隅，

སིནྡྷུ་རྒྱ་མཚོ་རོལ་པའི་མཚོ་གླིང་དུ།

信度嘉措若比措林都，

信度大海樂園中海洲，

ཀླུ་རྒྱལ་འཇོག་པོ་གནས་པའི་ཁང་སྟེང་དུ།

勒嘉覺波內比康當都，

安止龍王宮殿的上方，

པདྨ་འབར་བའི་སྡོང་པོའི་རྩེ་ལས་འཁྲུངས།

貝瑪巴爾哇冬波裁列中，

蓮花盛開梗端而降生，

རང་བྱུང་ངོ་མཚར་ཅན་ལ༔

讓雄敖叉堅拉索哇帝，

自生稀有者前我祈請，

祈請頌七品

ཨོ་རྒྱན་པདྨ་འབྱུང་གནས་ལཿ

鄔金貝瑪內拉索哇帝。

鄔金蓮花生前我祈請。

ཕ་དང་མ་མེད་ཁྱེའུ་སྤྲུལ་པའི་སྐུ།

帕當瑪美琪智敖比格，

無父無母孺童之化身，

རྒྱུ་མེད་རྐྱེན་མེད་རྒྱ་མཚོའི་ཀློང་ལས་བྱོན།

吉美金美嘉措隆林兴，

無因無緣從大海降臨，

མ་རིག་ལོག་པའི་སེམས་ཅན་འདྲེན་པའི་དཔལ།

瑪仁洛比賽堅貞比華，

扭轉無明眾生大導師，

བདེ་གཤེགས་སྐུ་གསུང་ཐུགས་ཀྱི་སྤྲུལ་པ་སྟེ།

帝夏格松陀吉智巴帝，

善逝如來身語意化身，

སྤྲུལ་སྐུ་མཚོ་སྐྱེས་རྡོ་རྗེ་ལཿ

智格措吉多傑拉索哇帝，

化身海生金剛我祈請，

ཨོ་རྒྱན་པདྨ་འབྱུང་གནས་ལ༔

鄔金貝瑪君內拉索哇帝。

鄔金蓮花生前我祈請。

ལས་ཅན་རྒྱལ་པོ་ཨིནྡྲ་བྷཱུ་ཏི་ཡིས།

列堅嘉波呃扎波帝伊，

憑以善緣王呃扎波帝，

རྒྱ་མཚོ་ཆེན་པོའི་གླིང་ནས་རྙེད་དེ་སྤྱན།

嘉措欽波林內尼帝興，

從大海洲而尋得降臨，

དད་པས་སྤྱན་དྲངས་རྒྱལ་པོར་མངའ་གསོལ་མཛད།

達比堅詹嘉波俄索乍，

敬信迎請授權度國王，

རྒྱལ་སྲིད་ཆོས་ཀྱི་ཁྲིམས་ཀྱིས་བདེ་ལ་བཀོད།

嘉詩切吉赤吉帝拉果，

以佛律儀治國政安樂，

རྒྱལ་པོ་ཐོར་ཅོག་ཅན་ལ༔

嘉吾妥覺堅拉索哇帝，

頂髻王上師前我祈請，

ཨོ་རྒྱན་པདྨ་འབྱུང་གནས་ལ༔

鄔金貝瑪君內拉索哇帝。

鄔金蓮花生前我祈請。

ལྷོ་ཕྱོགས་བསིལ་བ་ཚལ་གྱི་དུར་ཁྲོད་དུ།

洛肖塞哇叉吉都楚嘟，

南方清涼苑的屍林內，

རྒྱལ་སྲིད་སྤངས་ནས་བརྟུལ་ཞུགས་སྤྱོད་པ་མཛད།

嘉詩榜內都希覺巴乍，

捨去王位修清淨律儀，

ཏ་ན་ག་ནའི་སྦྱོར་སྒྲོལ་དགོངས་པ་ཡིས།

達納迦那覺卓貢巴伊，

達納迦那和合度[18]密意，

མ་མོ་མཁའ་འགྲོ་ཐམས་ཅད་དབང་དུ་བསྡུས།

瑪母卡卓塔堅旺都德，

所有空行天母皆降伏，

ཤཱནྟ་རཀྵི་ཏ་ལ༔

顯達日阿格恰拉索哇帝，

顯達日阿格恰[19]拉我祈請，

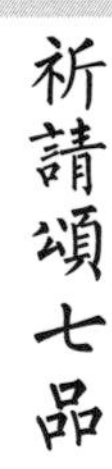

ཨོ་རྒྱན་པདྨ་འབྱུང་གནས་ལ༔

鄔金貝瑪君內拉索哇帝。

鄔金蓮花生前我祈請。

ཕྱོགས་བཞིའི་དུར་ཁྲོད་ཀུན་ཏུ་སྤྱོད་པ་མཛད།

肖伊都楚更都覺巴作，

四方屍林之中作修行，

ཡེ་ཤེས་མཁའ་འགྲོ་རྣམས་ཀྱིས་བྱིན་གྱིས་བརླབས།

伊希卡卓南吉興吉拉，

諸眾智慧空行賜加持，

རྡོ་རྗེ་ཕག་མོའི་ཞལ་མཐོང་དངོས་གྲུབ་ཐོབ།

多傑亥母夏彤俄智妥，

謁見金剛亥母證悉地，

ནམ་མཁའི་གཟའ་ཆེན་ཐམས་ཅད་བྲན་དུ་བཀོལ།

南卡薩欽塔堅詹都果，

所有虛空星曜供驅使，

རྡོ་རྗེ་དྲག་པོ་རྩལ་ལ༔

多傑扎波乍拉索哇帝，

威猛金剛尊前我祈請，

ཨོ་རྒྱན་པདྨ་འབྱུང་གནས་ལ༔

鄔金貝瑪君內拉索哇帝。

鄔金蓮花生前我祈請。

བྲག་དམར་བྱ་ཁྱུང་ཚལ་གྱི་ཀའུ་ཚང་དུ།

扎瑪爾夏瓊叉吉勾倉都，

紅岩妙翅鳥的岩洞中，

སློབ་དཔོན་པྲ་བྷ་ཧ་སྟིའི་སྤྱན་སྔར་བྱོན།

洛本扎巴哈帝堅俄興，

降臨教授扎巴哈帝前，

རྣལ་འབྱོར་ཡོ་གའི་ཆོས་ལ་སྦྱངས་པ་མཛད།

那覺爾約噶卻拉江巴乍，

修習瑜伽部密續教法，

ཡོ་གའི་ལྷ་ཚོགས་རྣམས་ཀྱི་ཞལ་གཟིགས་པའི།

約噶拉措南吉夏詩比，

瑜伽聖眾之面得照見，

ཤཱཀྱ་སེང་གེའི་སྐུ་ལ༔

釋迦桑蓋格拉索哇帝，

釋迦獅子尊前我祈請，

藏傳佛教寧瑪派日常法行念誦儀軌

ཨོ་རྒྱན་པདྨ་འབྱུང་གནས་ལ༔

鄔金貝瑪君內拉索哇帝。

鄔金蓮花生前我祈請。

རྒྱ་གར་ཡུལ་གྱི་ཕྱོགས་བཞིའི་གནས་ཆེན་དུ།

嘉嘎爾優吉肖伊內切都，

印度境內四方聖地中，

རིག་འཛིན་གྲུབ་ཐོབ་མང་པོའི་སྤྱན་སྔར་ཕྱིན།

仁增智妥芒波堅俄興，

眾多修證持明降面前，

ཡོ་ག་རྣམས་གསུམ་ཆོས་ལ་སྦྱངས་པ་མཛད།

約噶南松切拉江巴作，

修習三種瑜伽殊勝法，

མཚན་ཉིད་རྒྱུ་ཡི་ཆོས་ཀྱི་སྒྲོ་འདོགས་བཅད།

參尼嘉伊切吉卓多嘉，

確定性相因法得增益，

མཁས་པ་བློ་ལྡན་མཆོག་སྲེད་ལ༔

凱巴羅旦卻賽拉索哇帝，

善巧智慧卻賽⑳我祈請，

ཨོ་རྒྱན་པདྨ་འབྱུང་གནས་ལ༔

鄔金貝瑪君內拉索哇帝，

鄔金蓮花生前我祈請。

བྲག་ཕུག་མཱ་ར་ཏི་ཀའི་ཀེའུ་ཚང་དུ།

扎普瑪日阿帝噶勾倉都，

瑪日阿帝噶石窟岩洞中，

འཆི་མེད་ཚེ་ཡི་རིག་འཛིན་བསྒྲུབས་པའི་ཚེ།

琪美次伊仁增智比次，

修習不死長壽持明時，

མགོན་པོ་ཚེ་དཔག་མེད་ཀྱིས་བྱིན་གྱིས་བརླབས།

貢波次華美吉興吉拉，

無量壽佛依怙賜加持，

སྐྱེ་འཆི་མེད་པ་རྡོ་རྗེའི་ལུས་སུ་གྱུར།

吉琪美哇多傑列蘇吉爾，

成為不生不滅金剛身，

འཆི་མེད་པདྨ་འབྱུང་གནས་ལ༔

琪美貝瑪君內拉索哇帝，

不死蓮花生前我祈請，

ཨོ་རྒྱན་པདྨ་འབྱུང་གནས་ལ༔

鄔金貝瑪君內拉索哇帝。

鄔金蓮花生前我祈請。

ཟ་ཧོར་རྒྱལ་ཁམས་འདུལ་དུ་གཤེགས་པའི་ཚེ།

薩霍爾嘉康都鬥歇比次，

為了調伏薩霍爾[21]來時，

མ་རིག་འཁྲུལ་པའི་སེམས་ཅན་ཆོས་ལ་བཙུད།

瑪仁赤比賽堅切拉支，

無明逆惑有情法投入，

ཡ་མཚན་རྨད་དུ་བྱུང་བའི་རྫུ་འཕྲུལ་བསྟན།

雅參瑪都雄威支赤旦，

顯現精采稀有大神變，

རྒྱལ་ཁམས་ཐམས་ཅད་ཆོས་ཀྱིས་གང་བར་མཛད།

嘉康塔堅切吉岡哇爾作，

使得整個國家法普及，

པདྨ་སམྦྷའི་སྐུ་ལ༔

貝瑪索巴哇格拉索哇帝，

蓮花索巴哇身我祈請，

ཨོ་རྒྱན་པདྨ་འབྱུང་གནས་ལ༔

鄔金貝瑪君內拉索哇帝。

鄔金蓮花生前我祈請。

ཨོ་རྒྱན་རྒྱལ་ཁམས་འདུལ་དུ་གཤེགས་པའི་ཚེ།

鄔金嘉康都門歇比次，

為了調狀降臨鄔金時，

གཤེད་མས་མེ་ཡི་དབུས་སུ་བསྲེགས་པ་ན།

希瑪美伊烏蘇舍巴那，

閻羅鬼卒投進火熾燃，

མེ་དཔུང་མཚོ་རུ་བསྒྱུར་ཏེ་རྫུ་འཕྲུལ་བསྟན།

美紅措若吉爾帝支赤旦，

顯現神通火堆化為海，

ཨོཌྜ་བྷ་ཏི་བྱང་ཆུབ་ལམ་ལ་བཀོད།

呃扎波帝香琪拉木拉果，

置於呃扎波帝菩提道，

སྲས་མཆོག་པདྨ་རྒྱལ་པོ་ལ༔

舍卻貝瑪嘉烏拉索哇帝，

聖徒蓮花王前我祈請，

ཨོ་རྒྱན་པདྨ་འབྱུང་གནས་ལ༔

鄔金貝瑪君內拉索哇帝，

鄔金蓮花生前我祈請，

འོག་མིན་གནས་དང་བདེ་ཆེན་དུར་ཁྲོད་དང་།

敖萌內當帝欽都爾處當，

密嚴剎土大樂屍林處，

ལྷུན་གྲུབ་བརྩེགས་དང་པདྨ་བརྩེགས་ལ་སོགས།

林智次當貝瑪次拉索，

任成樓閣蓮花樓閣等。

རང་བྱུང་མཆོད་རྟེན་དྲུང་དུ་བཞུགས་པའི་ཚེ།

讓雄卻登鐘都希比次，

自生佛塔之前居住時，

མ་མོ་མཁའ་འགྲོ་ཆོས་སྐྱོང་འཁོར་གྱི་བསྐོར།

瑪母卡卓切君科吉果，

天母空行護法眾圍繞，

གུ་རུ་ཉི་མ་འོད་ཟེར་ལ༔

格茹尼瑪敖賽拉索哇帝，

上師日光尊前我祈請，

ཨོ་རྒྱན་པདྨ་འབྱུང་གནས་ལ༔

鄔金貝瑪君內拉索哇帝。

鄔金蓮花生前我祈請。

ལྷོ་ཕྱོགས་རྒྱ་གར་ཡུལ་དུ་གཤེགས་པའི་ཚེ།

洛肖嘉迦爾隅都歇比次，

降臨印度南方之地時，

མཁའ་འགྲོ་བདུད་འདུལ་མ་ཡིས་བྱིན་གྱིས་བརླབས།

卡卓堆都瑪伊興吉拉，

伏魔空行母而賜加持，

མུ་སྟེགས་སྟོན་པ་ལྔ་བརྒྱའི་རྩོད་པ་བཟློག

莫達冬巴俄嘉佐巴多，

諍辯駁倒五百外道眾，

ངན་སྔགས་བདག་པོ་མུ་སྟེགས་ཐོག་གིས་བསྒྲལ།

呃俄達波莫達妥格扎，

度得邪惡咒師外道主，

འཕགས་པ་སེང་གེ་སྒྲ་སྒྲོགས་ལ༔

帕哇桑蓋扎卓拉索拉帝，

尊勝獅子吼前我祈請，

ཨོ་རྒྱན་པདྨ་འབྱུང་གནས་ལ༔

鄔金貝瑪君內拉索哇帝。

鄔金蓮花生前我祈請。

བལ་ཡུལ་ཡང་ལེ་ཤོད་ཀྱི་བྲག་ཕུག་ཏུ།

哇隅央裡肖吉扎普都，

尼泊爾境央裡肖石窟，

ཡང་དག་བདེ་ཆེན་སྙིང་པོ་བསྒྲུབས་པའི་ཚེ།

央達帝欽寧波智比次，

修習清淨大樂藏之時，

བར་ཆད་བགེགས་རྣམས་རྡོ་རྗེ་ཕུར་པས་བསྒྲལ།

哇爾恰迦南多傑普巴扎，

道障魔眾金剛橛度出，

ཕྱག་རྒྱ་ཆེན་པོའི་དངོས་གྲུབ་གནས་དེར་ཐོབ།

夏嘉欽波俄智內帝爾妥，

於此證得大手印悉地，

རྡོ་རྗེ་ཐོད་ཕྲེང་རྩལ་ལ༔

多傑妥昌作拉索哇帝，

金剛顱鬘尊前我祈請，

ཨོ་རྒྱན་པདྨ་འབྱུང་གནས་ལ༔

鄔金貝瑪君內拉索哇帝。

鄔金蓮花生前我祈請。

བྱང་ཕྱོགས་རྒྱལ་པོའི་དོན་ལ་བྱོན་པའི་ཚེ།

香肖嘉波冬拉興比次，

利樂北方王事降臨時，

བོད་ཀྱི་གནོད་སྦྱིན་ཐམས་ཅད་དམ་ལ་བཏགས།

烏吉努興塔堅達拉達，

降伏藏地所有惡藥叉，

བསམ་ཡས་མངའ་གསོལ་རྒྱལ་པོའི་དགོངས་པ་བསྒྲུབས།

桑耶俄索嘉烏貢巴伊，

祈授桑耶王修習密意，

བོད་ཡུལ་ཐམས་ཅད་ཆོས་ཀྱིས་གང་བར་མཛད།

烏隅塔堅切吉岡哇爾乍，

藥域藏境所有法普及，

སྤྲུལ་སྐུ་པདྨ་འབྱུང་གནས་ལ༔

智格貝瑪君內拉索哇帝，

化身蓮花生前我祈請，

ཨོ་རྒྱན་པདྨ་འབྱུང་གནས་ལ༔

鄔金貝瑪君內拉索哇帝。

鄔金蓮花生前我祈請。

བསམ་ཡས་མཆིམས་ཕུའི་བྲག་དམར་ཀེའུ་ཚང་དུ།

桑耶欽普扎瑪爾勾倉都，

桑耶欽普[22]紅岩石窟中，

སྒྲུབ་ཆེན་བཀའ་བརྒྱད་གསང་སྔགས་དཀྱིལ་འཁོར་དུ།

智欽迦嘉桑俄吉科爾都，

八大悉地密咒壇城內，

ལས་ཅན་རྒྱལ་པོ་རྗེ་འབངས་སྨིན་པར་མཛད།

列堅嘉波吉榜萌巴爾作，

諸具成熟善緣之王臣[23]，

གསང་སྔགས་འབྲས་བུའི་ཐེག་པ་རྒྱས་པར་མཛད།

桑俄知烏乘巴吉巴爾作，

密咒道果之乘廣增長，

བཀའ་དྲིན་བསམ་ལས་འདས་ལ༔

迦貞桑列帝拉索哇帝，

難量無比恩德我祈請，

ཨོ་རྒྱན་པདྨ་འབྱུང་གནས་ལ༔

鄔金貝瑪君內拉索哇帝。

鄔金蓮花生前我祈請。

སྟག་ཚང་སེང་གེ་བསམ་འགྲུབ་ཀེའུ་ཚང་དུ།

達倉賽蓋桑智勾倉都，

虎穴獅子如意穴洞中，

གདུག་པའི་མུ་སྟེགས་བདུད་དང་མ་སྲི་བཏུལ།

都比莫達都當瑪舍嘟，

降伏邪惡外道魔鬼蜮，

གནས་ཆེན་གངས་བྲག་རྣམས་ལ་གཏེར་ཆེན་སྦས།

內欽岡扎南拉帝爾欽威，

在諸聖地雪窟埋伏藏，

མ་འོངས་སྙིགས་མའི་སེམས་ཅན་ཐུགས་རྗེས་གཟིཏ།

瑪敖尼瑪賽堅陀吉詩，

悲憫照見未來濁有情，

རྡོ་རྗེ་གྲོ་ལོད་རྩལ་ལ༔

多傑卓洛乍拉索哇帝，

多傑卓洛尊前我祈請，

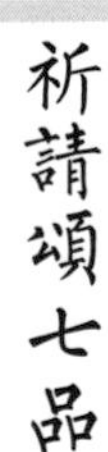

ཨོ་རྒྱན་པདྨ་འབྱུང་གནས་ལ༔

鄔金貝瑪君內拉索哇帝。

鄔金蓮花生前我祈請。

བོད་ཀྱི་གངས་ཆེན་བཞི་ལ་སྒྲུབ་ཁང་མཛད།

烏吉岡欽伊拉智康作，

藏地四大雪山築靜室，

བྲག་ཕུག་ཆེན་པོ་བརྒྱད་ལ་ཡང་དབེན་མཛད།

扎普欽波嘉拉央翁作，

八大洞窟建立寂靜處，

ཕྱོགས་བཞིའི་བྲག་ལ་སྤྲུལ་སྐུའི་ཞབས་རྗེས་བཞག།

肖伊扎拉智格夏吉亞，

四方石洞留顯化遺跡，

གྲགས་པའི་མཚོ་ཆེན་བཞི་ལ་ཕྱག་རྗེས་བཞག།

紮比措欽伊拉夏吉亞，

著名四大湖中留手印，

འགྲོ་དྲུག་སྒྲིབ་སྦྱོང་མཛད་ལ༔

卓智知君作拉索哇帝，

除淨六道障礙我祈請，

ཨོ་རྒྱན་པདྨ་འབྱུང་གནས་ལ༔

鄔金貝瑪君內拉索哇帝。

鄔金蓮花生前我祈請。

ལྷོ་ཕྱོགས་མོན་ཁའི་བྲག་ལ་སྐུ་རྗེས་བཞག།

洛肖門卡扎拉格吉亞，

南方門隅㉔石窟留身影，

སྐུ་ཚབ་གཏེར་ལྔ་བོད་ཀྱི་དོན་ལ་བཞག།

格叉帝爾俄烏吉冬拉亞，

五伏藏使雪域利眾生，

སངས་རྒྱས་བསྟན་པ་མཐའ་རུ་རྒྱས་པར་མཛད།

桑傑旦巴塔若吉巴爾作，

是將佛法宏揚至極頂，

བོད་ཀྱི་ལྷ་གཅིག་འགྲོ་བ་ཡོངས་ཀྱིདཔལ།

烏吉拉吉卓哇雲傑華，

藏地唯佛使遍眾吉祥，

ཐུགས་རྗེ་ཁྱད་པར་ཅན་ལ༔

陀吉恰巴爾堅拉索哇帝，

特別悲憫尊前我祈請，

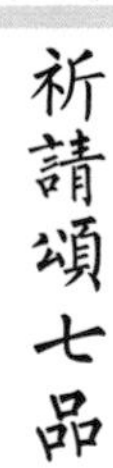

ཨོ་རྒྱན་པདྨ་འབྱུང་གནས་ལ༔

鄔金貝瑪君內拉索哇帝。

鄔金蓮花生前我祈請。

ལྷོ་ནུབ་རྔ་ཡབ་གླིང་ཕྲན་དཔལ་རིའི་རྩེར།

洛努俄雅林嬋華惹哉，

西南拂洲吉祥山頂首，

རིག་འཛིན་མཁའ་འགྲོ་མང་པོའི་རྒྱལ་པོ་མཛད།

仁增卡卓芒波嘉烏乍，

是為眾多持明空行王，

ཤ་ཟ་སྲིན་པོ་ཐམས་ཅད་དམ་ལ་བཏགས།

夏薩珊波塔堅達拉打，

降伏所有食肉惡羅剎，

བོད་ལ་རྒྱུན་ཆད་མེད་པར་ཐུགས་རྗེས་གཟིགས།

烏拉金恰美巴爾陀吉詩，

悲憫在藏不斷所照見，

དྲིན་ཆེན་སྤྲུལ་པའི་སྐུ་ལ༔

貞欽智比格拉索哇帝，

大德化身尊前我祈請，

ཨོ་རྒྱན་པདྨ་འབྱུང་གནས་ལ༔

鄔金貝瑪君內拉索哇帝。

鄔金蓮花生前我祈請。

ལྔ་བརྒྱའི་ཐ་མར་བོད་ཀྱི་སེམས་ཅན་ལ།

俄嘉塔瑪烏吉賽堅拉，

後五百年㉕藏地眾有情，

ལས་ངན་དབང་གིས་སྡུག་བསྔལ་རྒྱུན་ཆད་མེད།

列呃旺格都俄金恰美，

由於惡業災難常不斷，

ཁྱོད་ཀྱི་རྣམ་ཐར་དྲན་ཅིང་གསོལ་འདེབས་ན།

喬吉南塔爾占江索帝那，

如常想您本生而祈請，

བདག་དང་འགྲོ་དྲུག་སེམས་ཅན་ཐམས་ཅད་ལ།

達當卓智賽堅塔堅拉，

我與六趣一切有情眾，

ཐུགས་རྗེས་གཟིགས་ལ་བྱིན་གྱིས་བརླབ་ཏུ་གསོལ།།

陀吉詩拉興吉拉嘟索。

悲憫照見祈請賜加持。

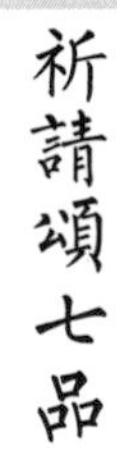

六 木赤嘉哇請問祈請頌

ཨེ་མ་ཧོ།

唉麻火！

奇呀哉！

ནུབ་ཕྱོགས་བདེ་བ་ཅན་གྱི་ཞིང་ཁམས་སུ།

努肖帝哇堅吉香卡蘇，

西方極樂世界剎土中，

དགོན་པོ་ཚེ་དཔག་མེད་ཀྱི་ཐུགས་རྗེ་ཡིས།

貢波次華美吉陀吉伊，

憑以怙主無量壽悲憫，

འཛམ་བུ་གླིང་དུ་འགྲོ་བའི་དོན་ལ་དགོངས།

乍烏林都卓哇冬拉貢，

亦欲利樂贍部眾有情，

ཕྱོགས་བཅུའི་སངས་རྒྱས་ཀུན་གྱིས་བྱིན་བརླབས་པའི།

肖吉桑傑更吉興拉比，

一切十方諸佛賜加持，

དུས་གསུམ་བདེ་གཤེགས་རྣམས་ལ༔

德松帝歇南拉索哇帝，

三世諸眾善逝我祈請，

ཨོ་རྒྱན་པདྨ་འབྱུང་གནས་ལ༔

鄔金貝瑪君內拉索哇帝。

鄔金蓮花生前我祈請。

སིནྡྷུ་རྒྱ་མཚོ་རོལ་པའི་མཚོ་གླིང་དུ།

信度嘉措若比措林都，

信度大海莊嚴海洲內，

མེ་ཏོག་པདྨ་འབར་བའི་སྡོང་པོ་ལ།

美多貝瑪巴爾威冬烏拉，

在此蓮花盛開花梗上，

ཕ་དང་མ་མེད་རང་བྱུང་ཤུགས་ལས་བྱུང་།

帕當瑪美讓雄希列雄，

無有父母依力而自生，

རྒྱུ་མེད་རྐྱེན་མེད་འགྲོ་བའི་དོན་ལ་བྱོན།

堅美金美卓威冬拉興，

無因無緣降臨利眾生，

རང་བྱུང་ངོ་མཚར་ཅན་ལ༔

讓雄俄叉爾堅拉索哇帝，

自生稀有者前我祈請，

ཨོ་རྒྱན་པདྨ་འབྱུང་གནས་ལ༔

鄔金貝瑪君內拉索哇帝。

鄔金蓮花生前我祈請。

སངས་རྒྱས་ཀུན་གྱི་སྐུ་ཡི་སྤྲུལ་པ་སྟེ།

桑傑更吉格伊智巴帝，

所有佛身而為之顯化，

རང་བྱུང་མཚན་དང་དཔེ་བྱད་ལྡན་པར་བྱོན།

讓雄參當會夏旦巴爾興，

自生相好莊嚴而降臨，

ཉི་མ་སྟོང་གི་འོད་ལས་གཟི་མདངས་ཆེ།

尼瑪冬格敖列詩當切，

千日光芒大威德神采，

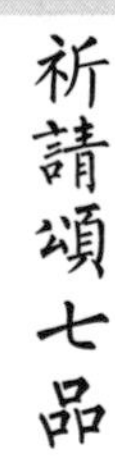

ཁྱོད་ཀྱི་སྤྲུལ་པས་འཇིགས་རྟེན་ཁྱབ་པར་འགྱེད།

喬吉智比吉旦恰巴爾結，

您的化身顯化遍世間，

ཡ་མཚན་སྤྲུལ་པའི་སྐུ་ལ༔

雅參智比格拉索哇帝，

稀有化身之前我祈請，

ཨོ་རྒྱན་པདྨ་འབྱུང་གནས་ལ༔

鄔金貝瑪君內拉索哇帝。

鄔金蓮花生前我祈請。

སངས་རྒྱས་ཀུན་གྱི་གསུང་གི་སྤྲུལ་པ་སྟེ།

桑傑更吉松格智巴帝，

一切諸佛語之現化身，

མ་ཆགས་པདྨའི་སྡོང་པོའི་རྩེ་ལས་འཁྲུངས།

瑪恰貝瑪冬波次列沖，

是從無貪著的蓮蕊生，

འབྲུག་ཆེན་སྟོང་གི་སྒྲ་བས་གསུང་གདངས་ཆེ།

智欽冬格扎威松當切，

憑以千巨雷吟語音調，

འགྲོ་བའི་དོན་དུ་ཐེག་ཆེན་ཆོས་སྒྲ་སྒྲོགས།

卓威冬都乘欽切扎卓，

為利有情宣揚大乘道，

འབྲུག་ལྟར་སྒྲོགས་པའི་གསུང་ལ༔

智達卓威松拉索哇帝，

吼音如雷者前我祈請，

ཨོ་རྒྱན་པདྨ་འབྱུང་གནས་ལ༔

鄔金貝瑪君內拉索哇帝。

鄔金蓮花生前我祈請。

སངས་རྒྱས་ཀུན་གྱི་ཐུགས་ཀྱི་སྤྲུལ་པ་སྟེ།

桑傑更吉陀傑智巴帝，

一切諸佛意的顯化身，

རྒྱ་མཚོ་གཏིང་མཐའ་མེད་པའི་ཀློང་ལས་སྐྱེས།

嘉措當塔美比靈斯列吉，

是從無邊甚深海中生，

ནམ་མཁའི་གློག་ལས་ཐུགས་རྗེའི་ཕྲིན་ལས་མྱུར།

南卡洛列陀吉赤列尼爾，

悲憫事業虛空如電掣，

དགོངས་པ་ཟབ་མོ་ནམ་མཁའི་མཐའ་དང་མཉམ།

貢巴薩母南卡塔當娘，

甚深密意如同虛空盡，

ཅིར་ཡང་ས་ལེའི་ཐུགས་ལ༔

吉爾央薩里陀拉索哇帝，

完全清淨之意我祈請，

ཨོ་རྒྱན་པདྨ་འབྱུང་གནས་ལ༔

鄔金貝瑪君內拉索哇帝。

鄔金蓮花生前我祈請。

འགྲོ་བའི་དོན་དུ་ཡིད་བཞིན་ནོར་བུའི་སྐུ།

卓威冬都伊音努爾烏格，

為利有情如意摩尼身，

ཁྱོད་ཀྱི་མཚན་ཐོས་ཙམ་གྱིས་སྡུག་བསྔལ་སེལ།

喬吉參特乍吉都俄賽，

僅聞您名即消除災害，

འཇའ་ཚོན་བཞིན་དུ་ཡོན་ཏན་སོ་སོར་གསལ།

嘉聰音都雲旦索索爾薩，

猶如彩虹現處處功德，

སྐད་ཅིག་དྲན་པས་བྱང་ཆུབ་ལམ་སྣ་འདྲེན།

迦吉詹比香琪拉木那占，

刹那一念即入菩提道，

ཡོན་ཏན་ཀུན་འབྱུང་ཁྱོད་ལ༔

雲旦更君喬拉索哇帝，

功德遍現您前我祈請，

ཨོ་རྒྱན་པདྨ་འབྱུང་གནས་ལ༔

鄔金貝瑪君內拉索哇帝。

鄔金蓮花生前我祈請。

ཐུགས་རྗེའི་ཕྲིན་ལས་དབང་གིས་དོན་མཛད་པའི།

陀吉赤列旺格冬作比，

主持悲憫事業利眾生，

ཞི་རྒྱས་དབང་དྲག་ཕྲིན་ལས་རྣམ་བཞི་ཡིས།

希吉旺扎赤列南伊義，

憑以息增懷誅四事業，

ཉོན་མོངས་གདུལ་དཀའི་སེམས་ཅན་ཐབས་ཀྱིས་འདུལ།

寧萌都迦賽堅塔吉都，

調伏愚癡難調遍眾生，

ནམ་མཁའི་སྐར་ལྟར་ཕྲིན་ལས་བསམ་མི་ཁྱབ།

南卡嘎爾達赤列薩莫恰，

事業如虛空星不思議，

ཕྲིན་ལས་རྒྱ་མཚོའི་རླབས་ལ༔

赤列嘉措拉波拉索哇帝，

事業大海波濤我祈請，

ཨོ་རྒྱན་པདྨ་འབྱུང་གནས་ལ༔

鄔金貝瑪君內拉索哇帝。

鄔金蓮花生前我祈請。

སྟེང་འོག་ཕྱོགས་བཞིར་འགྲོ་བའི་དོན་མཛད་ཀྱང་།

當敖肖伊卓威冬乍江，

上方四維祈請利眾生，

བོད་ཡུལ་ཁ་བ་ཅན་དུ་ཐུགས་རྗེས་གཟིགས།

烏隅卡哇堅都陀吉詩，

悲憫照見藏地聖雪域，

བོད་ཀྱི་མངའ་བདག་རྗེ་འབངས་ཐམས་ཅད་ལ།

烏吉俄達吉榜塔堅拉，

藏地一切君主與臣民，

དུས་གསུམ་རྒྱུན་ཆད་མེད་པར་བྱིན་གྱིས་རློབས།

德松金恰美巴爾興吉隆，

祈請三時不斷垂加護，

འཁོར་བ་སྡུག་བསྔལ་གྱི་རྒྱ་མཚོ་ལས་བསྒྲལ་དུ་གསོལ།།

科哇都俄吉嘉措列扎都索！

祈請從輪迴苦海救度！

七 眾問祈請頌

ང་ཡི་རྗེས་འཇུག་འཁོར་བ་སྤོང་འདོད་རྣམས།

俄伊吉幾科哇笨哆南，

我今隨行願斷諸輪迴，

དད་གུས་མོས་པས་རྒྱུན་དུ་གསོལ་བ་ཐོབ།

達格美比金都索哇妥，

勝解敬信不斷作祈請，

རྩེ་གཅིག་གདུང་བའི་དབྱངས་ནི་འདི་ལྟ་སྟེ།

次吉冬威央尼德達帝，

如是一意願望之音律，

ཁྱེའུ་ཕ་མར་འབོད་འདྲའི་གདུང་དབྱངས་ལ།

切帕瑪爾波扎冬央拉，

猶如嬰兒呼喚父母聲，

པི་ཝཾ་གླིང་བུའི་གདངས་ལྟར་སྙན་པ་ཡིས།

拜哇林烏當達爾娘巴伊，

猶如琵琶絲竹橫笛鳴，

ཉིན་མཚན་དུས་དྲུག་རྣམས་སུ་གསོལ་བ་ཐོབ།

寧參德知南蘇索哇妥。

晝夜六時不斷作祈請。

以上要訣是兩足尊赤松王化身紮西多嘉補充敘述；

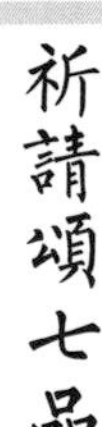

ཅེས་གསུངས་སྔོན་གྱི་ཐུགས་དམ་ཞལ་བཞེས་བཞིན།

吉松俄吉陀達夏伊音，

如此開示往昔承許誓，

གུས་ཤིང་གདུང་ཤུགས་དྲག་པོས་གསོལ་འདེབས་ཨུར།

格香冬西扎波索帝烏爾，

極其恭敬猛厲祈請您，

ཀྱེ་མ་ཐུགས་རྗེ་གཟིགས་ཤིག་མ་ཧཱ་གུ་རུ།

嗟瑪陀吉詩希瑪哈格惹，

嗟呼悲憫照見格惹師，

བྱིན་གྱིས་རློབས་ཤིག་རྗེ་བཙུན་ཐོད་ཕྲེང་རྩལ།

興吉隆西吉贊妥昌作，

請賜加持至尊顱鬘師，

བར་ཆད་ཀུན་སེལ་བདུད་འདུལ་དྲག་པོ་རྩལ།

哇爾恰更索都堆扎波作，

除諸道障威猛伏魔力，

དངོས་གྲུབ་མཆོག་སྩོལ་ཨོ་རྒྱན་རིན་པོ་ཆེ།

俄智卻佐鄔金仁波切，

賜勝悉地鄔金上師寶，

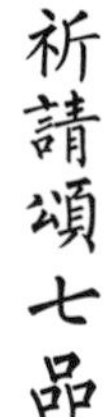

ད་ལྟ་རྩོད་དུས་ལྔ་བརྒྱའི་སྙིགས་དུས་འདིར།

達打佐德俄嘉尼德都爾，

在這五百年諍濁世中，

འབྱུང་པོས་རྒྱུད་དཀྲུགས་སྐྱེ་བོས་ལོག་པར་འཚོ།

君波吉知吉烏洛巴爾次，

魔不斷擾眾生行邪惡，

མཐའ་ཡི་དམག་དཔུང་ནད་མཚོན་མུ་གེ་སོགས།

塔伊莫本那聰母格索，

無盡刀兵疾病饑荒等，

བྱུར་དང་ལྟས་ངན་གནོད་པ་ཀུན་ཞི་ཞིང་།

希爾當帝呃努巴更布香，

災禍凶兆苦難皆悉除，

རྒྱལ་བ་བསྟན་དང་ཁྱད་པར་ཐེག་དགུའི་སྲོལ།

嘉哇旦當恰巴爾乘格淑，

佛法九乘次第勝法脈，

དེ་འཛིན་ཚོགས་རྣམས་དར་སྨིན་རྒྱས་གྱུར་ཅིག

帝增措南達閔吉幾傑。

取此諸眾成為興熟增。

ཕུན་ཚོགས་བསམ་ཡས་ལྷུན་གྲུབ་ཕོ་བྲང་གནས།

彭措桑耶林智普章內，

圓滿桑耶任成宮殿處，

པདྨ་འབྱུང་གནས་ལམ་ཟབ་ཆོས་སྟོན་པ།

貝瑪君內拉木桑切冬巴，

蓮花生之甚深道教法，

ཐེག་ཆེན་རྒྱལ་སྲིད་རིན་ཆེན་བདུན་ལྡན་ཚོགས།

乘欽嘉詩仁欽登旦切，

大乘國政七政寶法俱，

སྐལ་ལྡན་ལས་ཅན་དག་པ་རྣམ་ལྔའི་འཁོར།

噶旦列堅達巴南俄科爾，

善緣俱足五種清淨輪，

འོད་དཀར་རྒྱལ་གྱིས་གང་བའི་བཀྲ་ཤིས་དུས།

敖噶爾嘉吉岡威扎西德，

由善光王遍滿吉祥時，

དེང་འདིར་བསམ་པ་ལྷུན་གྲུབ་བཀྲ་ཤིས་ཤོག།

當德爾桑巴林智扎西肖！

現今願望任運成吉祥！

祈請頌七品

（七）願望任運成就祈請頌

བསམ་པ་ལྷུན་གྲུབ་མ།

桑巴林智瑪

ཨེ་མ་ཧོ།

唉瑪火！

奇呀哉！

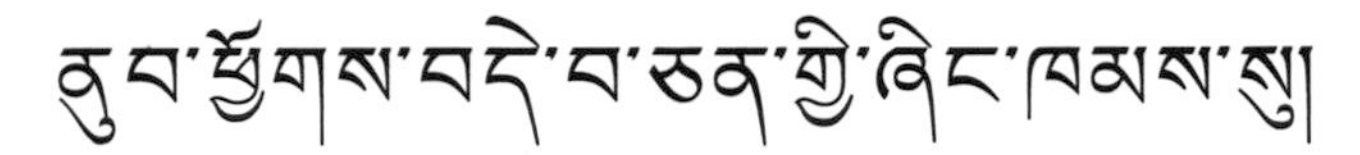
ནུབ་ཕྱོགས་བདེ་བ་ཅན་གྱི་ཞིང་ཁམས་སུ།

努肖帝哇堅吉香康蘇，

西方極樂世界剎土中，

སྣང་བ་མཐའ་ཡས་ཐུགས་རྗེའི་བྱིན་རླབས་གཡོས།

囊哇塔伊陀吉興拉耶，

無量光佛悲憫賜加持，

སྤྲུལ་སྐུ་པདྨ་འབྱུང་གནས་བྱིན་བརླབས་ཏེ།

智格貝瑪君內興拉帝，

加持化身蓮花生尊者，

འཛམ་བུའི་གླིང་དུ་འགྲོ་བའི་དོན་ལ་བྱོན།

乍烏林都卓威冬拉興，

為利瞻部有情而降臨，

འགྲོ་དོན་རྒྱུན་ཆད་མེད་པའི་ཐུགས་རྗེ་ཅན།

卓冬堅恰美比陀吉堅，

不斷得樂眾生賜悲憫，

ཨོ་རྒྱན་པདྨ་འབྱུང་གནས་ལ་གསོལ་བ་འདེབས།

鄔金貝瑪君內拉索哇帝，

鄔金蓮花生前我祈請，

བསམ་པ་ལྷུན་གྱིས་འགྲུབ་པར་བྱིན་གྱིས་རློབས།

桑巴林吉智巴爾興吉隆。

願望任運成就垂加護。

རྒྱལ་པོ་ཁྲི་སྲོང་ལྡེའུ་བཙན་མན་ཆད་ནས།

嘉波赤松帝贊曼恰內，

自從法王赤松德贊後，

ཆོས་རྒྱལ་གདུང་བརྒྱུད་མཐའ་ལ་མ་སྟོངས་པར།

切嘉冬吉塔拉瑪冬巴爾，

法王後裔而沒有間斷，

དུས་གསུམ་རྒྱུན་ཆད་མེད་པར་བྱིན་གྱིས་རློབས།

德松堅恰美巴爾興吉隆，

三世相續不斷賜加持，

བོད་ཀྱི་ཆོས་སྐྱོང་རྒྱལ་པོའི་གཉེན་གཅིག་པུ།

烏吉切君嘉烏寧吉波，

藏地護法王的唯一眷，

རྒྱལ་པོ་ཆོས་སྤྱོད་སྐྱོང་བའི་ཐུགས་རྗེ་ཅན།

嘉波切覺君威陀吉堅，

護持國王法行悲憫俱，

ཨོ་རྒྱན་པདྨ་འབྱུང་གནས་ལ་གསོལ་བ་འདེབས།

鄔金貝瑪君內拉索哇帝，

鄔金蓮花生前我祈請，

བསམ་པ་ལྷུན་གྱིས་འགྲུབ་པར་བྱིན་གྱིས་རློབས།

桑巴林吉智巴爾興吉隆。

願望任運成就垂加持。

སྐུ་ནི་ལྷོ་ནུབ་སྲིན་པོའི་ཁ་གནོན་མཛད།

格尼洛努珊波卡龍乍，

身在西南羅刹隅調伏，

ཐུགས་རྗེས་བོད་ཀྱི་སེམས་ཅན་ཡོངས་ལ་གཟིགས།

陀吉烏吉賽堅雲拉詩，

悲憫照見藏地普有情，

མ་རིག་ལོག་པའི་སེམས་ཅན་འདྲེན་པའི་དཔལ།

瑪仁洛比賽堅遮比華，

無明邪妄引有情吉祥，

ཉོན་མོངས་གདུལ་དཀའི་སེམས་ཅན་ཐབས་ཀྱིས་འདུལ།

寧萌都嘎賽堅塔吉都，

調伏愚癡難調普有情，

བརྩེ་གདུང་རྒྱུན་ཆད་མེད་པའི་ཐུགས་རྗེ་ཅན།

次冬堅恰美比陀吉堅，

相續不斷慈憫具悲憫，

ཨོ་རྒྱན་པདྨ་འབྱུང་གནས་ལ་གསོལ་བ་འདེབས།

鄔金貝瑪君內拉索哇帝，

鄔金蓮花生前我祈請，

བསམ་པ་ལྷུན་གྱིས་འགྲུབ་པར་བྱིན་གྱིས་རློབས།

桑巴林吉智巴爾興吉隆。

願望任運成就垂加護。

དུས་ངན་སྙིགས་མའི་མཐའ་ལ་ཐུག་པའི་ཚེ།

德俄尼瑪塔拉陀比次，

五濁惡世劫濁末期時，

ནངས་རེ་དགོངས་རེ་བོད་ཀྱི་དོན་ལ་བྱོན།

囊惹貢惹烏吉冬拉興，

每日朝暮降臨利藏地，

ཉི་ཟེར་འཆར་སྣུད་མདངས་ལ་བཅིབས་ཏེ་བྱོན།

尼賽爾恰都當拉吉帝興，

旭日東昇乘光輝降臨，

ཡར་ངོ་ཚེས་བཅུའི་དུས་སུ་དངོས་སུ་བྱོན།

雅爾俄次吉德蘇俄蘇興，

親自降臨上弦初十日，

འགྲོ་དོན་སྟོབས་ཆེན་མཛད་པའི་ཐུགས་རྗེ་ཅན།

卓冬多欽作比陀吉堅，

大力利樂有情悲憫者，

ཨོ་རྒྱན་པདྨ་འབྱུང་གནས་ལ་གསོལ་བ་འདེབས།

鄔金貝瑪君內拉索哇帝，

鄔金蓮花生前我祈請，

བསམ་པ་ལྷུན་གྱིས་འགྲུབ་པར་བྱིན་གྱིས་རློབས།

桑巴林吉智巴爾興吉隆。

願望任運成就垂加護。

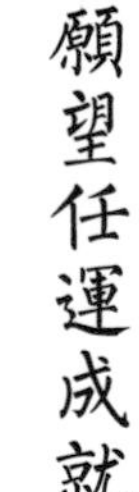

ལྔ་བརྒྱའི་ཐ་མ་རྩོད་དུས་སྙིགས་མ་ལ།

俄嘉塔瑪佐德尼瑪拉，

五百末劫諍鬥劫濁時，

སེམས་ཅན་ཐམས་ཅད་ཉོན་མོངས་དུག་ལྔ་རགས།

賽堅塔堅寧萌都俄日阿，

一切有情雜染粗五毒，

ཉོན་མོངས་འཁྲུལ་ཉོག་དུག་ལྔ་རང་རྒྱུད་སྤྱོད།

寧萌覺寧都俄讓吉覺，

逃避染濁五毒行自心，

དེ་འདྲའི་དུས་ན་ཁྱེད་འདྲའི་ཐུགས་རྗེས་སྐྱོབས།

帝扎德那切扎陀吉覺，

在如是時如您悲憫護，

དད་ལྡན་མཐོ་རིས་འདྲེན་པའི་ཐུགས་རྗེ་ཅན།

達旦妥惹詹比陀吉堅，

敬信善趣引導悲憫者，

ཨོ་རྒྱན་པདྨ་འབྱུང་གནས་ལ་གསོལ་བ་འདེབས།

鄔金貝瑪君內拉索哇帝，

鄔金蓮花生我祈請，

བསམ་པ་ལྷུན་གྱིས་འགྲུབ་པར་བྱིན་གྱིས་རློབས།

桑巴林吉智巴爾興吉隆。

願望任運成就垂加護。

ཧོར་སོག་འཇིགས་པའི་དམག་གིས་མཐའ་བསྐོར་ནས།

霍爾索吉比莫格塔果内，

霍爾㉖蒙古怖軍圍困後，

ཆོས་འཁོར་གཉན་པོ་འཇིག་ལ་ཐུག་པའི་ཚེ།

切科爾寧波吉拉陀比次，

碰到法輪壞滅對治時，

ཡིད་གཉིས་ཐེ་ཚོམ་མེད་པར་གསོལ་བ་འདེབས།

伊尼台措美巴爾索哇帝，

一心無有懷疑作祈請，

ཨོ་རྒྱན་ལྷ་སྲིན་སྡེ་བརྒྱད་འཁོར་གྱིས་བསྐོར།

鄔金拉珊帝嘉科吉果，

鄔金天龍八部眷圍繞，

ཧོར་སོག་དམག་དཔུང་བཟློག་པར་ཐེ་ཚོམ་མེད།

霍爾索莫紅多巴台措美，

霍爾蒙古軍隊無疑敗，

ཨོ་རྒྱན་པདྨ་འབྱུང་གནས་ལ་གསོལ་བ་འདེབས།

鄔金貝瑪君內拉索哇帝，

鄔金蓮花生前我祈請，

བསམ་པ་ལྷུན་གྱིས་འགྲུབ་པར་བྱིན་གྱིས་རློབས།

桑巴林吉智巴爾興吉隆。

願望任運成就垂加護。

སེམས་ཅན་སྒྱུ་ལུས་འཇིག་པའི་ནད་བྱུང་ཚེ།

賽堅吉列吉比那雄次，

有情幻身壞滅患病時，

མི་བཟོད་སྡུག་བསྔལ་ནད་ཀྱིས་ཉེན་པ་ན།

莫柔都俄那吉寧巴那，

痛苦難忍病疼所危害，

ཡིད་གཉིས་ཐེ་ཚོམ་མེད་པར་གསོལ་བ་འདེབས།

伊尼台措美巴爾索哇帝，

一心無有懷疑作祈請，

ཨོ་རྒྱན་སྨན་གྱི་བླ་དང་དབྱེར་མེད་པས།

鄔金曼吉喇當吉爾美比，

鄔金與藥師佛無分別，

ཚེ་ཟད་མ་ཡིན་བར་ཆད་ངེས་པར་སེལ།

次薩瑪音哇恰厄巴塞，

非是壽終道障定消除，

ཨོ་རྒྱན་པདྨ་འབྱུང་གནས་ལ་གསོལ་བ་འདེབས།

鄔金貝瑪君內拉索哇帝，

鄔金蓮花生前我祈請，

བསམ་པ་ལྷུན་གྱིས་འགྲུབ་པར་བྱིན་གྱིས་རློབས།

桑巴林吉智巴爾興吉隆。

願望任運成就垂加護。

འབྱུང་བ་དགྲར་ལངས་ས་བཅུད་ཉམས་པའི་ཚེ།

君哇扎爾朗薩吉娘比次，

五大相違地力敗壞時，

སེམས་ཅན་མུ་གེའི་ནད་ཀྱིས་ཉེན་པ་ན།

賽堅莫格那吉寧巴那，

有情眾生遭饑荒災害，

ཡིད་གཉིས་ཐེ་ཚོམ་མེད༔

伊尼台措美巴索哇帝，

一心無有懷疑作祈請，

ཨོ་རྒྱན་མཁའ་འགྲོ་ནོར་ལྷའི་ཚོགས་དང་བཅས།

鄔金卡卓努爾拉措當吉，

鄔金空行財神等等眾，

དབུལ་ཕོངས་བཀྲེས་སྐོམས་སེལ་བར་ཐེ་ཚོམ་མེད།

烏旁遮果塞哇台措美，

無疑消除貧困與饑餓，

ཨོ་རྒྱན་པདྨ་འབྱུང་གནས་ལ་གསོལ་བ་འདེབས།

鄔金貝瑪君內拉索哇帝，

鄔金蓮花生前我祈請，

བསམ་པ་ལྷུན་གྱིས་འགྲུབ་པར་བྱིན་གྱིས་རློབས།

桑巴林吉智巴爾興吉隆。

願望任運成就垂加護。

ལས་ཅན་འགྲོ་བའི་དོན་དུ་གཏེར་འདོན་ན།

列堅卓威冬都帝爾冬那，

有緣份者利生掘藏時，

དམ་ཚིག་ཟོལ་ཟོག་མེད་པའི་དཔལ་གདིང་གིས།

達次索梭美比華當格，

無妄三昧耶誓憑大勇，

ཡིད་གཉིས་ཐེ་ཚོམ་མེད་པར་གསོལ་བ་འདེབས།

伊尼台措美巴爾索哇帝，

一心無有懷疑作祈請，

ཨོ་རྒྱན་ཡི་དམ་ལྷ་དང་དབྱེར་མེད་པས།

鄔金伊達拉當吉爾美比，

因以鄔金本尊佛無別，

ཕ་ནོར་བུ་ཡིས་ལོན་པར་ཐེ་ཚོམ་མེད།

帕努爾烏伊龍巴爾台措美，

父財無疑由子而繼承，

ཨོ་རྒྱན་པདྨ་འབྱུང་གནས་ལ་གསོལ་བ་འདེབས།

鄔金貝瑪君內拉索哇帝，

鄔金蓮花生前我祈請，

བསམ་པ་ལྷུན་གྱིས་འགྲུབ་པར་བྱིན་གྱིས་རློབས།

桑巴林吉智巴爾興吉隆。

願望任運成就垂加護。

སྦས་ཡུལ་ནགས་ཁྲོད་དབེན་ས་སྙེགས་པའི་ཚེ།

威隅那楚文薩寧比次，

追尋密境深林蘭若時，

ཁ་ཆར་བུ་ཡུག་འཚུབས་ཤིང་ལམ་འགགས་ན།

卡恰爾烏隅次香拉木噶那，

如若暴雨風雪彌阻道，

ཡིད་གཉིས་ཐེ་ཚོམ་མེད་པར་གསོལ་བ་འདེབས།

伊尼台措美巴爾索哇帝，

一心無有懷疑作祈請，

ཨོ་རྒྱན་གཞི་བདག་གཉན་པོའི་འཁོར་གྱིས་བསྐོར།

鄔金伊達寧波科爾吉果爾，

鄔金猛利地祇眷圍繞，

ཆོས་མཛད་ལམ་སྣ་འདྲེན་པར་ཐེ་ཚོམ་མེད།

切乍拉木那遮巴爾台措美，

無疑導入修法之正道，

ཨོ་རྒྱན་པདྨ་འབྱུང་གནས་ལ་གསོལ་བ་འདེབས།

鄔金貝瑪君內拉索哇帝，

鄔金蓮花生前我祈請，

བསམ་པ་ལྷུན་གྱིས་འགྲུབ་པར་བྱིན་གྱིས་རློབས།

桑巴林吉智巴爾興吉隆。

願望任運成就垂加護。

སྟག་གཟིག་དོམ་དྲེད་དུག་སྦྲུལ་མཆེ་བ་ཅན།

達詩多遮都智切哇堅，

熊羆虎豹毒蛇俱獠牙，

འབྲོག་ཆེན་འཇིགས་པའི་འཕྲང་ལ་འགྲིམས་པའི་ཚེ།

卓欽吉比昌拉智比次，

荒原怖畏隘道漫遊時，

ཡིད་གཉིས་ཐེ་ཚོམ་མེད་པར་གསོལ་བ་འདེབས།

伊尼台措美巴爾索哇帝，

一心無有懷疑作祈請，

ཨོ་རྒྱན་དཔའ་བོ་གིང་དང་སྲུང་མར་བཅས།

鄔金華烏格當梳瑪姬，

鄔金勇識使者護法眾，

གདུག་པའི་སེམས་ཅན་སྐྲོད་པར་ཐེ་ཚོམ་མེད།

都比賽堅卓巴爾台措美，

必能驅除邪妄惡有情，

ཨོ་རྒྱན་པདྨ་འབྱུང་གནས་ལ་གསོལ་བ་འདེབས།

鄔金貝瑪君內拉索哇帝，

鄔金蓮花生前我祈請，

བསམ་པ་ལྷུན་གྱིས་འགྲུབ་པར་བྱིན་གྱིས་རློབས།

桑巴林吉智爾與吉隆。

願望任運成就垂加護。

ས་ཆུ་མེ་རླུང་འབྱུང་བའི་བར་ཆད་ཀྱིས།

薩曲美龍君威哇恰吉，

地水火風四大障礙起，

སྒྱུ་ལུས་ཉེན་ཅིང་འཇིག་པའི་དུས་བྱུང་དུས།

吉列寧江吉比德雄帝，

危害幻身壞滅生起時，

ཡིད་གཉིས་ཐེ་ཚོམ་མེད་པར་གསོལ་བ་འདེབས།

伊尼台措美巴爾索哇帝，

一心無有懷疑作祈請，

ཨོ་རྒྱན་འབྱུང་བ་བཞི་ཡི་ལྷ་མོར་བཅས།

鄔金君哇伊以拉母爾吉，

鄔金以及四大佛母俱，

འབྱུང་བ་རང་སར་ཞི་བར་ཐེ་ཚོམ་མེད།

君哇讓薩希哇爾台措美，

無疑四大此土能平息，

ཨོ་རྒྱན་པདྨ་འབྱུང་གནས་ལ་གསོལ་བ་འདེབས།

鄔金貝瑪君內拉索哇帝，

鄔金蓮花生前我祈請，

བསམ་པ་ལྷུན་གྱིས་འགྲུབ་པར་བྱིན་གྱིས་རློབས།

桑巴林吉智巴爾興吉隆。

願望任運成就垂加護。

ལམ་སྲང་འཇིགས་པའི་འཕྲང་ལ་འགྲིམས་པའི་ཚེ།

拉木尚吉比昌拉智比次，

行於恐怖隘口荒谷時，

བསད་ཁྱེར་ཇག་པོ་ཆོམ་པོས་ཉེན་པ་ན།

薩切嘉波秋波寧巴那，

如被盜匪劫持危險時，

ཡིད་གཉིས་ཐེ་ཚོམ་མེད་པར་གསོལ་བ་འདེབས།

伊尼台措美巴爾索哇帝，

一心無有懷疑作祈請，

ཨོ་རྒྱན་ཕྱག་རྒྱ་བཞི་ཡི་དགོངས་པར་ལྡན།

鄔金夏嘉伊以貢巴爾旦，

鄔金四手印的密意俱，

ཙཽ་ར་མི་རྐོད་ཇམས་སེམས་བརླག་པར་བྱེད།

佐日阿莫果俄賽拉巴爾希，

摧壞兇狠盜匪野蠻人，

ཨོ་རྒྱན་པདྨ་འབྱུང་གནས་ལ་གསོལ་བ་འདེབས།

鄔金貝瑪君內拉索哇帝，

鄔金蓮花生前我祈請，

བསམ་པ་ལྷུན་གྱིས་འགྲུབ་པར་བྱིན་གྱིས་རློབས།

桑巴林吉智巴爾興吉隆。

願望任運成就垂加護。

གང་ཞིག་གཤེད་མའི་དམག་གིས་མཐའ་བསྐོར་ནས།

岡希西瑪莫格塔果爾內，

諸凡敵方軍隊圍困後，

མཚོན་ཆ་རྣོན་པོས་འདེབས་ཤིང་ཉེན་པ་ན།

瑰恰弄波帝香寧巴那，

刀槍鋒利攻擊危險時，

ཡིད་གཉིས་ཐེ་ཚོམ་མེད་པར་གསོལ་བ་འདེབས།

伊尼台措美巴爾索哇帝，

一心無有懷疑作祈請，

ཨོ་རྒྱན་རྡོ་རྗེའི་གུར་དང་ལྡན་པ་ཡིས།

鄔金多傑格當旦巴伊，

憑以鄔金金剛帳護持，

གཤེད་མ་བྲེད་ཅིང་མཚོན་ཆ་འཐོར་བར་འགྱུར།

希瑪遮江璁恰妥哇吉爾，

定叫殺手恐懼失兵器，

ཨོ་རྒྱན་པདྨ་འབྱུང་གནས་ལ་གསོལ་བ་འདེབས།

鄔金貝瑪君內拉索哇帝，

鄔金蓮花生前我祈請，

བསམ་པ་ལྷུན་གྱིས་འགྲུབ་པར་བྱིན་གྱིས་རློབས།

桑巴林吉智巴爾興吉隆。

願望任運成就垂加持。

ནམ་ཞིག་ཚེ་ཟད་འཆི་བའི་དུས་བྱུང་ཚེ།

那希次薩琪威德雄次，

如若人生壽終死來臨，

གནད་གཅོད་སྡུག་བསྔལ་དྲག་པོས་ཉེན་པ་ན།

那覺都俄扎波寧巴那，

如若巨烈肢解苦厄逼，

ཡིད་གཉིས་ཐེ་ཚོམ་མེད་པར་གསོལ་བ་འདེབས།

伊尼台措美巴爾索哇帝，

一心無有懷疑作祈請，

ཨོ་རྒྱན་སྣང་བ་མཐའ་ཡས་སྤྲུལ་པ་སྟེ།

鄔金囊哇塔伊智巴帝，

鄔金是為阿彌陀化身，

བདེ་བ་ཅན་གྱི་ཞིང་དུ་ངེས་པར་སྐྱེ།

帝哇堅吉香都呃巴爾吉，

一定往生極樂國剎土，

ཨོ་རྒྱན་པདྨ་འབྱུང་གནས་ལ་གསོལ་བ་འདེབས།

鄔金貝瑪君內拉索哇帝，

鄔金蓮花生前我祈請，

བསམ་པ་ལྷུན་གྱིས་འགྲུབ་པར་བྱིན་གྱིས་རློབས།

桑巴林吉智巴爾興吉隆。

願望任運成就垂加護。

སྤྲུལ་ལུས་གཡར་པོ་ཞིག་པའི་བར་དོ་རུ།

吉列雅波希比哇爾多若，

化身壞滅到達中有時，

འཁྲུལ་སྣང་ཉིད་འཁྲུལ་སྡུག་བསྔལ་ཉེན་པ་ན།

赤囊娘赤都俄寧巴那，

如若幻境幻中幻逼迫，

ཡིད་གཉིས་ཐེ་ཚོམཿ

伊尼台措美巴爾興吉隆。

一心無有懷疑作祈請。

ཨོ་རྒྱན་དུས་གསུམ་མཁྱེན་པའི་ཐུགས་རྗེ་ཡིས།

鄔金德松欽比陀吉伊，

由於鄔金三世智悲憫，

འཁྲུལ་སྣང་རང་སར་གྲོལ་བར་ཐེ་ཚོམ་མེད།

赤囊讓薩卓哇爾台措美，

幻相無疑自處得解脫，

ཨོ་རྒྱན་པདྨ་འབྱུང་གནས་ལ་གསོལ་བ་འདེབས།

鄔金貝瑪君內拉索哇帝，

鄔金蓮花生前我祈請，

བསམ་པ་ལྷུན་གྱིས་འགྲུབ་པར་བྱིན་གྱིས་རློབས།

桑巴林吉智巴爾興吉隆。

願望任運成就垂加護。

གཞན་ཡང་ལས་དང་རྐྱེན་གྱི་དབང་གྱུར་ཏེ།

彥央列當金吉旺吉爾帝，

亦復因與緣之所變化，

འཁྲུལ་སྣང་དངོས་པོར་ཞེན་ཅིང་སྡུག་བསྔལ་ན།

赤囊呃波默江都俄那，

以幻為實貪戀痛苦時，

ཡིད་གཉིས་ཐེ་ཚོམ་མེད་པར་གསོལ་བ་འདེབས།

伊尼台措美巴爾索哇帝，

一心無有懷疑作祈請，

ཨོ་རྒྱན་བདེ་ཆེན་རྒྱལ་པོའི་ངོ་བོ་སྟེ།

鄔金帝欽嘉烏俄烏帝，

鄔金是為大樂佛體性，

སྡུག་བསྔལ་འཁྲུལ་པ་རྩད་ནས་གཞིག་པར་བྱེད།

都俄赤巴乍內希巴爾希，

逆惑苦厄一定從根除，

ཨོ་རྒྱན་པདྨ་འབྱུང་གནས་ལ་གསོལ་བ་འདེབས།

鄔金貝瑪君內拉索哇帝，

鄔金蓮花生前我祈請，

བསམ་པ་ལྷུན་གྱིས་འགྲུབ་པར་བྱིན་གྱིས་རློབས།

桑巴林吉智巴爾興吉隆。

願望任運成就垂加護。

འགྲོ་དྲུག་སྡུག་བསྔལ་ཆེན་པོས་ཉེན་པ་དང་།

卓智都俄欽波寧巴當，

如若六趣有情苦逼迫，

ཁྱད་པར་བོད་ཀྱི་རྗེ་འབངས་སྡུག་བསྔལ་ན།

恰巴爾烏吉幾榜都俄那，

如若藏地百姓苦厄時，

དད་གུས་མོས་པའི་གདུང་ཤུགས་དྲག་པོ་ཡིས།

達格米比冬希扎波伊，

憑以敬信猛力作祈請，

ཡིད་གཉིས་ཐེ་ཚོམ་མེད་པར་གསོལ་བ་འདེབས།

伊尼台措美巴爾索哇帝，

一心無有懷疑作祈請，

ཨོ་རྒྱན་ཐུགས་རྗེས་འཕོ་འགྱུར་མེད་པར་གཟིགས།

鄔金陀吉普吉爾美巴爾詩，

鄔金悲憫照見不轉移，

ཨོ་རྒྱན་པདྨ་འབྱུང་གནས་ལ་གསོལ་བ་འདེབས།

鄔金貝瑪君內拉索哇帝，

鄔金蓮花生前我祈請，

བསམ་པ་ལྷུན་གྱིས་འགྲུབ་པར་བྱིན་གྱིས་རློབས།

桑巴林吉智巴爾興吉隆。

願望任運成就垂加護。

七支祈請頌

(བླ་མ་གསར་འདུས་ལས་གསུངས་པའི་ཁྱད་པར་བླ་སྒྲུབ་ཚིག་བདུན་གསོལ་བ་འདེབས།)

ཧཱུྃ༔

吽

ཨོ་རྒྱན་ཡུལ་གྱི་ནུབ་བྱང་མཚམས།

鄔金隅吉努香叉，

鄔仗那之西北方，

པདྨ་གེ་སར་སྡོང་པོ་ལ།

貝瑪格賽爾冬烏拉，

蓮花梗莖花蕊上，

ཡ་མཚན་མཆོག་གི་དངོས་གྲུབ་བརྙེས།

雅參卻格俄智尼，

證得稀有勝悉地，

པདྨ་འབྱུང་གནས་ཞེས་སུ་གྲགས།

貝瑪君內希蘇扎，

蓮花生尊名號傳，

འཁོར་དུ་མཁའ་འགྲོ་མང་པོས་བསྐོར།

科爾都卡卓芒波果爾，

空行聖眾周匝繞，

ཁྱེད་ཀྱི་རྗེས་སུ་བདག་བསྒྲུབ་ཀྱི།

切吉幾蘇達智吉，

我跟隨您作修行，

བྱིན་གྱིས་རློབས་ཕྱིར་གཤེགས་སུ་གསོལ།

興吉洛希爾西蘇索。

祈請降臨垂加護。

གུ་རུ་པདྨ་སིདྡྷི་ཧཱུྃ༔

格惹貝瑪斯地吽！

（八）消除道障祈請頌

བར་ཆད་ལམ་སེལ།

哇爾恰拉木塞

ཨོཾ་ ཨཱཿ ཧཱུྃ་ བཛྲ་གུ་རུ་པདྨ་སིདྡྷི་ཧཱུྃཿ

晻 阿 吽 貝雜爾格惹貝瑪斯地吽！

ཆོས་སྐུ་སྣང་བ་མཐའ་ཡས་ལ་གསོལ་བ་འདེབས།

切格囊哇塔伊拉索哇帝，

祈請法身普賢王，

ལོངས་སྐུ་ཐུགས་རྗེ་ཆེན་པོ་ལ་གསོལ་བ་འདེབས།

龍格陀吉欽波拉索哇帝，

祈請報身觀自在，

སྤྲུལ་སྐུ་པདྨ་འབྱུང་གནས་ལ་གསོལ་བ་འདེབས།

智格貝瑪君內拉索哇帝，

祈請化身蓮花生，

བདག་གི་བླ་མ་ངོ་མཚར་སྤྲུལ་པའི་སྐུ།

達格喇嘛俄叉爾智比格，

吾師稀有應化身，

རྒྱ་གར་ཡུལ་དུ་སྐུ་འཁྲུངས་ཐོས་བསམ་མཛད།

嘉嘎爾隅都格寵特桑乍，

降生印度修聞思，

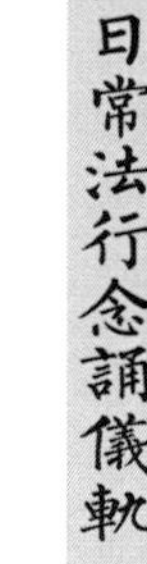

བོད་ཡུལ་དབུས་སུ་ཞལ་བྱོན་དྲེགས་པ་བཏུལ།

烏隅威蘇夏興扎巴都，

親臨藏地降眾魔，

ཨོ་རྒྱན་ཡུལ་དུ་སྐུ་བཞུགས་འགྲོ་དོན་མཛད།

鄔金隅都格希卓冬作，

駐錫鄔金利眾生，

ཐུགས་རྗེ་བདག་ལ་བྱིན་གྱིས་རློབས།

陀吉達拉興吉隆，

悲憫對我賜加持，

བརྩེ་བས་བདག་སོགས་ལམ་སྣ་དྲོངས།

次威達索拉木那仲，

慈憫給我把路引，

དགོངས་པས་བདག་ལ་དངོས་གྲུབ་སྩོལ།

貢比達拉俄智佐，

密意向我賜悉地，

ནུས་པས་བདག་སོགས་བར་ཆད་སོལ།

萊比達索哇爾恰索，

法力除我道障礙，

ཕྱི་ ཡི་བར་ཆད་ཕྱི་རུ་སོལ།

希伊哇爾恰希若索，

外部道障除在外，

ནང་གི་བར་ཆད་ནང་དུ་སོལ།

囊格哇爾恰囊都索，

內部道障息內部，

གསང་བའི་བར་ཆད་དབྱིངས་སུ་སོལ།

桑威哇爾恰央蘇索，

密障法界自息滅，

གུས་པས་ཕྱག་འཚལ་སྐྱབས་སུ་མཆི།

格比夏叉嘉蘇卻。

恭敬頂禮我皈依。

ཨོཾ་ ཨཱཿ ཧཱུྃ་ བཛྲ་གུ་རུ་པདྨ་སིདྡྷི་ཧཱུྃ༔

唵　阿　吽　貝雜爾格惹貝瑪斯地吽！

སྐུ་ཡི་ངོ་མཚར་མཐོང་བའི་ཚེ།

格伊俄叉爾彤比次，

現見師身妙相時，

གཡས་པས་རལ་གྲིའི་ཕྱག་རྒྱ་མཛད།

伊比日阿智夏嘉乍，

右手結作寶劍印，

གཡོན་པས་འགུགས་པའི་ཕྱག་རྒྱ་མཛད།

雲比勾比夏嘉乍，

左手結作勾召印，

ཞལ་བགྲད་མཆེ་གཙིགས་གྱེན་ལ་གཟིར།

夏扎切支金拉詩，

開顏露齒目仰視，

རྒྱལ་བའི་གདུང་འཛིན་འགྲོ་བའི་མགོན།

嘉威冬增卓威貢，

佛陀傳承眾生怙，

ཐུགས་རྗེ་བདག་ལ་བྱིན་གྱིས་རློབས།

陀吉達拉興吉隆，

悲憫對我賜加持，

བརྩེ་བས་བདག་སོགས་ལམ་སྣ་དྲོངས།

次威達索拉木那仲，

慈憫給我把路引，

དགོངས་པས་བདག་ལ་དངོས་གྲུབ་སྩོལ།

貢比達拉俄智佐，

密意向我賜悉地，

ཐུས་པས་བདག་སོགས་བར་ཆད་སོལ།

萊比達索哇爾恰索，

法力除我道障礙，

ཕྱི་ ཡི་བར་ཆད་ཕྱི་རུ་སོལ།

希伊哇爾恰希若索，

外部道障除在外，

ནང་གི་བར་ཆད་ནང་དུ་སོལ།

囊格哇爾恰囊都索，

內部道障息內部，

གསང་བའི་བར་ཆད་དབྱིངས་སུ་སོལ།

桑威哇爾恰央蘇索，

密障法界自息滅，

གུས་པས་ཕྱག་འཚལ་སྐྱབས་སུ་མཆི།

格比夏叉嘉蘇卻。

恭敬頂禮我皈依。

ཨོཾ་ ཨཱཿ ཧཱུྃ༔

唵　阿　吽貝雜爾格惹貝瑪斯地吽！

དམ་ཆོས་རིན་ཆེན་གསན་པའི་ཚེ།

達切仁欽桑比次，

聆聽妙寶正法時，

སྐུ་གསལ་འོད་ཟེར་མདངས་དང་ལྡན།

格薩敖賽當黨旦，

光明遍照相莊嚴，

ཕྱག་ཡས་སྡེ་སྣོད་གླེགས་བམ་བསྣམས།

夏伊帝努拉哇那，

右手平托三寶藏，

གཡོན་པས་ཕུར་པའི་པུ་སྟི་བསྣམས།

雲比普巴波德那，

左手執持橛密續，

ཟབ་མོ་ཆོས་རྣམས་ཐུགས་སུ་ཆུད།

薩母切南陀蘇曲，

甚深密法心中記，

ཡང་ལེ་ཤོད་ཀྱི་པཎྜི་ཏ།

洋裡肖[27]吉班智達，

洋裡肖地班智達，

ཐུགས་རྗེ་བདག་ལ་བྱིན་གྱིས་རློབས།

陀吉達拉興吉隆，

悲憫對我賜加持，

བརྩེ་བས་བདག་སོགས་ལམ་སྣ་དྲོངས།

次威達索拉木那仲，

慈憫給我把路引，

དགོངས་པས་བདག་ལ་དངོས་གྲུབ་སྩོལ།

貢比達拉俄智佐，

密意向我賜悉地，

ནུས་པས་བདག་སོགས་བར་ཆད་སོལ།

萊比達索哇爾恰索，

法力除我道障礙，

ཕྱི་ ཡི་བར་ཆད་ཕྱི་རུ་སོལ།

希伊哇爾恰希若索，

外部道障除在外，

ནང་གི་བར་ཆད་ནང་དུ་སོལ།

囊格哇爾囊朗都索，

內部道障息內部，

གསང་བའི་བར་ཆད་དབྱིངས་སུ་སོལ།

桑威哇爾恰央蘇索，

密障法界自息滅，

གུས་པས་ཕྱག་འཚལ་སྐྱབས་སུ་མཆི།

格比夏叉嘉蘇卻。

恭敬頂禮我皈依。

ཨོཾ་ ཨཱཿ ཧཱུྃཿ

唵　阿　吽　貝雜爾格惹貝瑪斯地吽！

དམ་ཅན་དམ་ལ་བཏགས་པའི་ཚེ།

達堅達拉達比次，

調伏具誓護法時，

དྲི་མེད་གནས་མཆོག་ཉམས་རེ་དགའ།

智美內卻娘惹嘎，

無垢聖地心歡喜，

རྒྱ་གར་བོད་ཡུལ་ས་མཚམས་སུ།

嘉迦爾烏隅薩叉蘇，

印度藏地之邊境，

བྱིན་གྱིས་བརླབས་ནས་བྱོན་པའི་ཚེ།

興吉拉內興比次，

垂施加持降臨時，

དྲི་བསུང་སྤོས་དང་ལྡན་པའི་རི།

智松慧達旦比惹，

馥郁飄散香積山，

མེ་ཏོག་པདྨ་དགུན་ཡང་སྐྱེ།

美多貝瑪更央吉，

寒冬蓮花變生長，

ཆུ་མིག་བྱང་ཆུབ་བདུད་རྩིའི་ཆུ།

曲莫香琪都支曲，

泉眼菩提甘露流，

བདེ་ལྡན་དེ་ཡི་གནས་མཆོག་ཏུ།

帝旦帝伊內卻都，

於彼具樂殊勝處，

སྐྱེས་མཆོག་ཚུལ་བཟང་ཆོས་གོས་གསོལ།

吉卻次桑切格索，

大德妙相著法衣，

ཕྱག་གཡས་རྡོ་རྗེ་རྩེ་དགུ་བསྣམས།

夏伊多傑裁格南，

右手執持九股杵，

གཡོན་པས་རིན་ཆེན་ཟ་མ་ཏོག།

雲比仁欽薩瑪多，

左手平托珍寶盒，

རཀྟ་བདུད་རྩིས་ནང་དུ་གཏམས།

惹達都支囊都達，

盒內滿溢赤甘露，

མཁའ་འགྲོ་དམ་ཅན་དམ་ལ་བཏགས།

卡卓達堅達拉達，

空行具誓俱降伏，

ཡི་དམ་ཞལ་གཟིགས་དངོས་གྲུབ་བརྙེས།

伊達夏詩俄智尼，

親見本尊證悉地，

ཐུགས་རྗེ་བདག་ལ་བྱིན་གྱིས་རློབས།

陀吉達拉興吉隆，

悲憫對我賜加持，

བརྩེ་བས་བདག་སོགས་ལམ་སྣ་དྲོངས།

次威達索拉木那仲，

慈憫給我把路引，

དགོངས་པས་བདག་ལ་དངོས་གྲུབ་སྩོལ།

貢比達拉俄智佐，

密意向我賜悉地，

ནུས་པས་བདག་སོགས་བར་ཆད་སོལ།

萊比達索哇爾恰索，

法力除我道障礙，

ཕྱི་ ཡི་བར་ཆད་ཕྱི་རུ་སོལ།

希伊哇爾恰希若索，

外部道障除在外，

ནང་གི་བར་ཆད་ནང་དུ་སོལ།

囊格哇爾恰囊都索，

內部道障息內部，

གསང་བའི་བར་ཆད་དབྱིངས་སུ་སོལ།

桑威哇爾恰央蘇索，

密障法界自息滅，

གུས་པས་ཕྱག་འཚལ་སྐྱབས་སུ་མཆི།

格比夏叉嘉蘇卻。

恭敬頂禮我皈依。

ཨོཾ་ ཨཱཿ ཧཱུྃཿ

唵　阿　吽貝雜爾格惹貝瑪斯地吽！

རྒྱལ་བའི་བསྟན་པ་བཙུགས་པའི་ཚེ།

嘉威旦巴支比次，

佛陀聖教建立時，

གཡའ་རི་ནགས་ལ་སྒྲུབ་པ་མཛད།

雅惹那拉智巴作，

石山稠林中修持，

བསྙེན་ཕུར་ནམ་མཁའི་དབྱིངས་སུ་འཕང་།

寧普南卡央蘇旁，

念橛騰飛虛空界，

རྡོ་རྗེ་ཕྱག་རྒྱས་བླངས་ཤིང་བསྒྲིལ།

多傑夏嘉朗香智，

手結金剛印取回，

བསྒྲིལ་ཞིང་ཙནྡན་ནགས་སུ་འཕང་།

智香栴檀那蘇旁，

卷起拋入栴檀林，

མེ་འབར་འཁྲུགས་ཤིང་མཚོ་ཡང་སྐེམས།

美巴爾赤香措央吉，

烈火熾燃大海枯，

སྲིབ་ཀྱི་མུ་སྟེགས་ས་གང་བསྲེགས།

詩吉莫達薩岡舍，

昏庸外道遍地燒，

ཡཀྵ་ནག་པོ་རྡུལ་དུ་བརློག།

雅恰那波都鬥洛，

把黑藥叉碎為塵，

འགྲན་གྱི་དོ་མེད་བདུད་ཀྱི་གཤེད།

詹吉多美都吉希，

無有倫比魔殺手，

ཐུགས་རྗེ་བདག་ལ་བྱིན་གྱིས་རློབས།

陀吉達拉興吉隆，

悲憫對我賜加持，

བརྩེ་བས་བདག་སོགས་ལམ་སྣ་དྲོངས།

次威達索拉木那仲，

茲憫給我把路引，

དགོངས་པས་བདག་ལ་དངོས་གྲུབ་སྩོལ།

貢比達拉俄智佐，

密意向我賜悉地，

ནུས་པས་བདག་སོགས་བར་ཆད་སོལ།

萊比達索哇爾恰索，

法力除我道障礙，

ཕྱི་ ཡི་བར་ཆད་ཕྱི་རུ་སོལ།

希伊哇爾恰希若索，

外部道障除在外，

ནང་གི་བར་ཆད་ནང་དུ་སོལ།

囊格哇爾恰囊都索，

內部道障息內部，

གསང་བའི་བར་ཆད་དབྱིངས་སུ་སོལ།

桑威哇爾恰央蘇索，

密障法界自息滅，

གུས་པས་ཕྱག་འཚལ་སྐྱབས་སུ་མཆི།

格比夏叉嘉蘇卻。

恭敬頂禮我皈依。

ཨོཾ་ཨཱཿཧཱུྃཿ

唵 阿 吽貝雜爾格惹貝瑪斯地吽！

སྲིན་པོའི་ཁ་གནོན་མཛད་པའི་ཚེ།

珊波卡弄乍比次，

調伏鎮壓羅刹時，

ཁྲིའུ་ཆུང་སྤྲུལ་སྐུའི་ཆ་ལུགས་ཅན།

切群智格恰勒堅，

身穿孺童變化服，

ཡ་མཚན་གཟུགས་བཟང་ཁ་དོག་ལེགས།

雅參詩桑卡朵拉，

妙色稀有容顏殊，

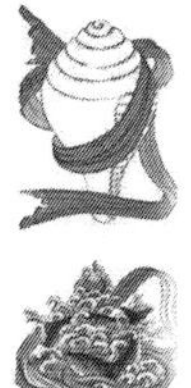

ཚེམས་འགྲིགས་དབུ་སྒྲ་སེར་ལ་མཛེས།

次智烏扎賽拉彩，

牙齒浩浩美黃色，

དགུང་ལོ་བཅུ་དྲུག་ལོན་པའི་ཚུལ།

貢洛吉智龍比次，

適值十六妙齡相，

རིན་ཆེན་རྒྱན་ཆ་སྣ་ཚོགས་གསོལ།

仁欽堅恰那措索，

各種寶飾戴身上，

ཕྱག་གཡས་འཁར་བའི་ཕུར་པ་བསྣམས།

夏伊卡爾威普巴那，

右手執持手杖橛，

བདུད་དང་སྲིན་པོའི་ཁ་གནོན་མཛད།

都當珊波卡弄乍，

威鎮羅刹與妖魔，

གཡོན་པས་སེང་ལྡེང་ཕུར་པ་བསྣམ།

雲比桑當普巴那，

左手緊握梨木橛，

མོས་པའི་བུ་ལ་སྐྱོང་སྐྱོབ་མཛོད།

米比烏拉梳覺作，

護持信解善男子，

མགུལ་ན་ལྕགས་ཀྱི་ཕུར་པ་བསྣམས།

格那嘉吉普巴那，

頸上懸掛鐵制橛，

ཡི་དམ་ལྷ་དང་གཉིས་སུ་མེད།

伊達拉當尼蘇美，

貌同本尊無分別，

གཉིས་མེད་སྤྲུལ་སྐུ་འཛམ་གླིང་བརྒྱན།

尼美智格乍林堅，

無別化身飾贍部，

ཐུགས་རྗེ་བདག་ལ་བྱིན་གྱིས་རློབས།

陀吉達拉興吉隆，

悲憫對我賜加持，

བརྩེ་བས་བདག་སོགས་ལམ་སྣ་དྲོངས།

次威達索拉木那仲，

慈憫給我把路引，

དགོངས་པས་བདག་ལ་དངོས་གྲུབ་སྩོལ།

貢比達拉俄智佐，

密意向我賜悉地，

ནུས་པས་བདག་སོགས་བར་ཆད་སོལ།

萊比達索哇爾恰索，

法力除我道障礙，

ཕྱི་ ཡི་བར་ཆད་ཕྱི་རུ་སོལ།

希伊哇爾恰希若索，

外部道障除在外，

ནང་གི་བར་ཆད་ནང་དུ་སོལ།

囊格哇爾恰囊都索，

內部道障息內部，

གསང་བའི་བར་ཆད་དབྱིངས་སུ་སོལ།

桑威哇爾恰央蘇索，

密障法界自息滅，

གུས་པས་ཕྱག་འཚལ་སྐྱབས་སུ་མཆི།

格比夏叉嘉蘇卻。

恭敬頂禮我皈依。

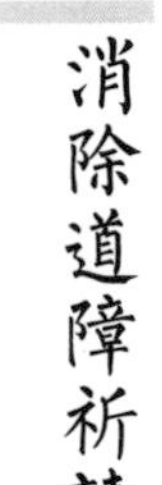

ཨོཾ་ཨཱཿཧཱུྃ༔

唵　阿　吽貝雜爾格惹貝瑪斯地吽。

འདྲེ་ཡི་ཡུལ་དུ་དགོངས་པའི་ཚེ།

遮伊隅都貢比次，

調優鬼域修法時，

མེ་དཔུང་ཤོད་ཀྱི་ས་གཞི་ལ།

美轟肖吉薩伊拉，

烈火堆之大地上，

མདའ་རྒྱང་གང་གི་མཚོ་ནང་དུ།

達江岡格措囊都，

一箭射程湖水中，

པདྨ་སྡོང་དུ་བསིལ་བསིལ་འདྲ།

貝瑪當都塞塞扎，

坐蓮花上如露珠，

པདྨའི་ནང་ན་དགོངས་པ་མཛད།

貝瑪囊那貢巴作，

手持蓮花等持住，

མཚན་ཡང་པདྨ་འབྱུང་ནས་ཞེས།

參央貝瑪君內希，

聖號名稱蓮花生，

རྫོགས་པའི་སངས་རྒྱས་དངོས་སུ་བྱོན།

佐比桑傑俄蘇興，

乃正覺佛親降臨，

དེ་འདྲའི་སྤྲུལ་སྐུ་ཡ་མཚན་ཅན།

帝扎智格雅參堅，

稀有如是之化身，

ཐུགས་རྗེ་བདག་ལ་བྱིན་གྱིས་རློབས།

陀吉達拉興吉隆，

悲憫對我賜加持，

བརྩེ་བས་བདག་སོགས་ལམ་སྣ་དྲོངས།

次威達索拉木那仲，

慈憫給我把路引，

དགོངས་པས་བདག་ལ་དངོས་གྲུབ་སྩོལ།

貢比達拉俄智佐，

密意向我賜悉地，

ཐུས་པས་བདག་སོགས་བར་ཆད་སོལ།

萊比達索哇爾恰索，

法力除我道障礙，

ཕྱི་ ཡི་བར་ཆད་ཕྱི་རུ་སོལ།

希伊哇爾恰希若索，

外部道障除在外，

ནང་གི་བར་ཆད་ནང་དུ་སོལ།

囊格哇爾恰囊都索，

內部道障息內部，

གསང་བའི་བར་ཆད་དབྱིངས་སུ་སོལ།

桑威哇爾恰央蘇索，

密障法界自息滅，

གུས་པས་ཕྱག་འཚལ་སྐྱབས་སུ་མཆི།

格比夏叉嘉蘇卻。

恭敬頂禮我皈依。

ཨོཾ་ཨཱཿཧཱུྃཿ

唵 阿 吽貝雜爾格惹貝瑪斯地吽！

བོད་ཀྱི་ཉི་མ་མཛད་པའི་ཚེ།

烏吉尼瑪作比次，

作為藏地太陽時，

དད་ལྡན་འགྲོ་བ་འདྲེན་པའི་དཔལ།

達旦卓哇遮比華，

超度信眾為尊師，

གང་ལ་གང་འདུལ་སྐུར་བསྟན་ནས།

岡拉岡都格爾旦內，

於所應化之現身，

གཙང་ཁ་ལ་ཡི་ལ་ཐོག་ཏུ།

藏卡拉伊拉妥都，

在藏卡拉山頂首，

དགྲ་ལྷའི་དགེ་བསྙེན་དམ་ལ་བཏགས།

卓拉格寧達拉達，

居士戰神波降伏，

ཡུལ་ནི་ཚ་བའི་ཚ་ཤོད་དུ།

隅尼叉威叉肖都，

又在叉瓦叉肖地，

ལྷ་ཡི་དགེ་བསྙེན་དྲེགས་པ་ཅན།

拉伊格寧扎巴堅，

性情兇猛神居士，

ཉི་ཤུ་རྩ་གཅིག་དམ་ལ་བཏགས།

尼希作吉達拉達，

二十一人被降伏，

མང་ཡུལ་དེ་ཡི་བྱམས་སྤྲིན་དུ།

芒隅帝伊香貞都，

芒隅地方絳貞寺，

དགེ་སློང་བཞི་ལ་དངོས་གྲུབ་གནང་།

格隆伊拉俄智囊，

與四比丘賜悉地，

ཁྱད་པར་འཕགས་པའི་རིག་འཛིན་མཆོག

恰巴爾帕比仁增卻，

無上殊勝大持明，

ཐུགས་རྗེ་བདག་ལ་བྱིན་གྱིས་རློབས།

陀吉達拉興吉隆，

悲憫對我賜加持，

བརྩེ་བས་བདག་སོགས་ལམ་སྣ་དྲོངས།

次威達索拉木那仲，

慈憫給我把路引，

དགོངས་པས་བདག་ལ་དངོས་གྲུབ་སྩོལ།

貢比達拉俄智佐，

密意向我賜悉地，

ནུས་པས་བདག་སོགས་བར་ཆད་སོལ།

萊比達索哇爾恰索，

法力除我道障礙，

ཕྱི་ ཡི་བར་ཆད་ཕྱི་རུ་སོལ།

希伊哇爾恰希若索，

外部道障除在外，

ནང་གི་བར་ཆད་ནང་དུ་སོལ།

囊格哇爾恰囊都索，

內部道障息內部，

གསང་བའི་བར་ཆད་དབྱིངས་སུ་སོལ།

桑威哇爾恰央蘇索，

密障法界自息滅，

གུས་པས་ཕྱག་འཚལ་སྐྱབས་སུ་མཆི།

格比夏叉嘉蘇卻。

恭敬頂禮我皈依。

ཨོཾ་ཨཱཿཧཱུྃཿ

唵　阿　吽　貝雜爾格惹貝瑪斯地吽！

དཔལ་མོ་ཐང་གི་དཔལ་ཐང་དུ།

華母塘格華塘都，

吉祥母原吉祥灘，

བརྟན་མ་བཅུ་གཉིས་དམ་ལ་བཏགས།

旦瑪姬尼達拉達，

降伏十二旦瑪女，

བོད་ཡུལ་ཁ་ལའི་ལ་ཐོག་ཏུ།

烏隅喀拉拉妥都，

藏地喀拉拉山頂，

གངས་དཀར་ཞ་མེད་དམ་ལ་བཏགས།

岡嘎夏美達拉達，

降伏骷髏岡嘎鬼，

འདམ་ཤོད་ལྷ་བུའི་སྙིང་དྲུང་དུ།

當雄拉烏寧仲都，

當雄拉波之腹地，

ཐང་ལ་ཡར་བཞུད་དམ་ལ་བཏགས།

唐拉雅秀達拉達，

降伏唐拉雅秀鬼，

ཧས་པོ་རི་ཡི་ཡང་གོང་དུ།

黑波惹伊央貢都，

於彼黑波山頂首，

ལྷ་སྲིན་ཐམས་ཅད་དམ་ལ་བཏགས།

拉珊塔堅達拉達，

降伏一切眾鬼神，

ཆེ་བའི་ལྷ་འདྲེ་ཐམས་ཅད་ཀྱིས།

次威拉遮塔堅吉，

所有一切大鬼神，

ལ་ལས་སྲོག་གི་སྙིང་པོ་ཕུལ།

拉列數格娘波普，

有的俯首獻性命，

ལ་ལས་བསྟན་པ་བསྲུང་བར་བྱས།

拉列旦巴梳哇爾希，

有的聽命護佛教，

ལ་ལས་བྲན་དུ་ཁས་བླངས་བྱས།

拉列詹都開朗希，

有的自願為僕使，

མཐུ་དང་རྫུ་འཕྲུལ་སྟོབས་པོ་ཆེ།

陀當支赤多波切，

具咒神通大力士，

ཐུགས་རྗེ་བདག་ལ་བྱིན་གྱིས་རློབས།

陀吉達拉興吉隆，

悲憫對我賜加持，

消除道障祈請頌

བརྩེ་བས་བདག་སོགས་ལམ་སྣ་དྲོངས།

次威達索拉木那仲，

慈憫給我把路引，

དགོངས་པས་བདག་ལ་དངོས་གྲུབ་སྩོལ།

貢比達拉俄智佐，

密意向我賜悉地，

ནུས་པས་བདག་སོགས་བར་ཆད་སོལ།

萊比達索哇爾恰索，

法力除我道障礙，

ཕྱི་ ཡི་བར་ཆད་ཕྱི་རུ་སོལ།

希伊哇爾恰希苦索，

外部道障除在外，

ནང་གི་བར་ཆད་ནང་དུ་སོལ།

囊格哇爾恰囊嘟索，

內部道障息內部，

གསང་བའི་བར་ཆད་དབྱིངས་སུ་སོལ།

桑威哇爾恰央蘇索，

密障法界自息滅，

གུས་པས་ཕྱག་འཚལ་སྐྱབས་སུ་མཆི།

格比夏叉嘉蘇卻。

恭敬頂禮我皈依。

ཨོཾ ཨཱཿ ཧཱུྃཿ

唵　阿　吽貝雜爾格惹貝瑪斯地吽！

དམ་པ་ཆོས་ཀྱི་བསྟན་པ་ནི།

達巴切吉旦巴尼，

佛陀聖賢正妙法，

རྒྱལ་མཚན་ལྟ་བུར་བཙུགས་པའི་ཚེ།

嘉參達烏爾支比次，

猶如勝幢建立時，

བསམ་ཡས་མ་བཞེངས་ལྷུན་གྱིས་གྲུབ།

桑耶瑪營林吉智，

桑耶興建任運成，

རྒྱལ་པོའི་དགོངས་པ་མཐར་ཕྱིན་མཛད།

嘉烏貢巴塔興作，

佛的密意到彼岸，

སྐྱེས་མཆོག་གསུམ་གྱི་མཚན་ཡང་གསོལ།

吉卻松吉參央索，

殊勝正士三相臨，

གཅིག་ནི་པདྨ་འབྱུང་གནས་ཞེས།

吉尼貝瑪君內希，

一者稱曰蓮花生，

གཅིག་ནི་པདྨ་སམྦྷ་ཝ།

吉尼貝瑪索巴哇，

一者名曰索巴哇，

གཅིག་ནི་མཚོ་སྐྱེས་རྡོ་རྗེ་ཞེས།

吉尼措吉多傑希，

一者名海生金剛，

གསང་མཚན་རྡོ་རྗེ་དྲག་པོ་རྩལ།

桑參多傑扎波乍，

密名金剛猛利尊，

ཐུགས་རྗེ་བདག་ལ་བྱིན་གྱིས་རློབས།

陀吉達拉興吉隆，

悲憫對我賜加持，

བརྩེ་བས་བདག་སོགས་ལམ་སྣ་དྲོངས།

次威達索拉木那仲，

慈憫給我把路引，

དགོངས་པས་བདག་ལ་དངོས་གྲུབ་སྩོལ།

貢比達拉俄智佐，

密意向我賜悉地，

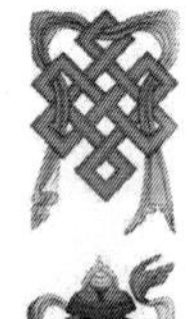

ནུས་པས་བདག་སོགས་བར་ཆད་སོལ།

萊比達索哇爾恰索，

法力除我道障礙，

ཕྱི་ ཡི་བར་ཆད་ཕྱི་རུ་སོལ།

希伊哇爾恰希若索，

外部道障除在外，

ནང་གི་བར་ཆད་ནང་དུ་སོལ།

囊格哇爾恰囊都索，

內部道障息內部，

གསང་བའི་བར་ཆད་དབྱིངས་སུ་སོལ།

桑威哇爾恰央蘇索，

密障法界自息滅，

གུས་པས་ཕྱག་འཚལ་སྐྱབས་སུ་མཆི།

格比夏叉嘉蘇卻。

恭敬頂禮我皈依。

ཨོཾ་ཨཱཿཧཱུྃ༔

唵　阿　吽貝雜爾格惹貝瑪斯地吽！

བསམ་ཡས་མཆིམས་ཕུར་སྒྲུབ་པ་མཛད།

桑耶齊普爾智巴乍，

桑耶欽普修法時，

རྐྱེན་ངན་ཟློག་ཅིང་དངོས་གྲུབ་གནང་།

金俄多江呃智囊，

排除逆緣賜悉地，

རྗེ་བློན་ཐར་པའི་ལམ་ལ་བཀོད།

吉龍塔比拉木拉果，

王臣安置解脫道，

གདོན་གཟུགས་བོན་གྱི་བསྟན་པ་བསྣུབས།

冬詩文吉旦巴努，

滅除鬼色身苯教，

ཆོས་སྐུ་དྲི་མེད་རིན་ཆེན་བསྟན།

切格智美仁欽旦，

開示清淨寶法身，

སྐལ་ལྡན་སངས་རྒྱས་ས་ལ་བཀོད།

嘎旦桑傑薩拉果，

佛刹安置有緣者，

ཐུགས་རྗེ་བདག་ལ་བྱིན་གྱིས་རློབས།

陀吉達拉興吉隆，

悲憫對我賜加持，

བརྩེ་བས་བདག་སོགས་ལམ་སྣ་དྲོངས།

次威達索拉木那仲，

慈憫給我把路引，

དགོངས་པས་བདག་ལ་དངོས་གྲུབ་སྩོལ།

貢比達拉俄智佐，

密意向我賜悉地，

ནུས་པས་བདག་སོགས་བར་ཆད་སོལ།

萊比達索哇爾恰索，

法力除我道障礙，

ཕྱི་ ཡི་བར་ཆད་ཕྱི་རུ་སོལ།

希伊哇爾恰希若索，

外部道障除在外，

ནང་གི་བར་ཆད་ནང་དུ་སོལ།

囊格哇爾恰囊都索，

內部道障息內部，

གསང་བའི་བར་ཆད་དབྱིངས་སུ་སོལ།

桑威哇爾恰央蘇索，

密障法界息息滅，

གུས་པས་ཕྱག་འཚལ་སྐྱབས་སུ་མཆི།

格比夏叉嘉蘇卻。

恭敬頂禮我皈依。

ཨོཾ་ཨཱཿཧཱུྃཿ

唵　阿　吽　貝雜爾格惹貝瑪斯地吽！

དེ་ནས་ཨོ་རྒྱན་ཡུལ་དུ་བྱོན།

帝內鄔金隅都興，

復次而赴鄔仗那，

ད་ལྟ་སྲིན་པོའི་ཁ་གནོན་མཛད།

達打珊波卡弄作，

鎮壓現時眾羅剎，

མི་ལས་ལྷག་གྱུར་ཡ་མཚན་ཆེ།

莫列拉吉雅參切，

超人本領世無比，

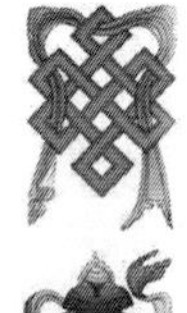

སྤྱོད་པ་རྨད་བྱུང་ངོ་མཚར་ཆེ།

覺巴瑪雄俄叉爾切，

舉止卓絕實罕見，

མཐུ་དང་རྫུ་འཕྲུལ་སྟོབས་པོ་ཆེ།

陀當支赤多波切，

威德神變具大力，

ཐུགས་རྗེ་བདག་ལ་བྱིན་གྱིས་རློབས།

陀吉達拉興吉隆，

悲憫對我賜加持，

བརྩེ་བས༔

次威達嘉拉木那仲，

慈憫給我把路引，

དགོངས་པས་བདག་ལ་དངོས་གྲུབ་སྩོལ།

貢比達拉俄智佐，

密意向我賜悉地，

ནུས་པས་བདག་སོགས་བར་ཆད་སོལ།

萊比達索哇爾恰索，

法力除我道障礙，

ཕྱི་ ཡི་བར་ཆད་ཕྱི་རུ་སོལ།

希伊哇爾恰希若索，

外部道障除在外，

ནང་གི་བར་ཆད་ནང་དུ་སོལ།

囊格哇爾恰囊都索，

内部道障息内部，

གསང་བའི་བར་ཆད་དབྱིངས་སུ་སོལ།

桑威哇爾恰央蘇索，

密障法界自息滅，

གུས་པས་ཕྱག་འཚལ་སྐྱབས་སུ་མཆི།

格比夏叉嘉蘇卻。

恭敬頂禮我皈依。

ༀཿ ཨཱཿ ཧཱུྃཿ

唵 阿 吽. 貝雜爾格惹貝瑪斯地吽!

སྐུ་གསུང་ཐུགས་ལྡན་འགྲོ་བ་འདྲེན་པའི་དཔལ།

格松陀旦卓哇遮比華，

具身語意引眾生吉祥，

སྒྲིབ་པ་ཀུན་སྤངས་ཁམས་གསུམ་ས་ལེར་མཁྱེན།

智巴更榜卡松薩列爾欽，

法障盡除三界明洞察，

དངོས་གྲུབ་མཆོག་བརྙེས་བདེ་ཆེན་མཆོག་གི་སྐུ།

俄智卻尼帝欽卻格勾，

證五悉地大樂殊勝身，

བྱང་ཆུབ་སྒྲུབ་པའི་བར་ཆད་ངེས་པར་སེལ།

香琪智比哇恰厄巴爾塞！

修習菩提道障一定除！

ཐུགས་རྗེ་བདག་ལ་བྱིན་གྱིས་རློབས།

陀吉達拉興吉隆，

悲憫對我賜加持，

བརྩེ་བས་བདག་སོགས་ལམ་སྣ་དྲོངས།

次威達索拉木那仲，

慈憫給我把路引，

དགོངས་པས་བདག་ལ་དངོས་གྲུབ་སྩོལ།

貢比達拉俄智佐，

密意向我賜悉地，

ནུས་པས་བདག་སོགས་བར་ཆད་སོལ།

萊比達索哇爾恰索，

法力除我道障礙，

ཕྱི་ཡི་བར་ཆད་ཕྱི་རུ་སོལ།

希伊哇爾恰希若索，

外部道障除在外，

ནང་གི་བར་ཆད་ནང་དུ་སོལ།

囊格哇爾恰囊都索，

內部道障息內部，

གསང་བའི་བར་ཆད་དབྱིངས་སུ་སོལ།

桑威哇爾恰央蘇索，

密障法界自息滅，

གུས་པས་ཕྱག་འཚལ་སྐྱབས་སུ་མཆི།

格比夏叉嘉蘇卻。

恭敬頂禮我皈依。

ཨོཾ་ཨཱཿཧཱུྃ་བཛྲ་གུ་རུ་པདྨ་སིདྡྷི་ཧཱུྃ༔

唵　阿　吽　貝雜爾格惹貝瑪斯地吽！

ཨོཾ་ཨཱཿཧཱུྃ་བཛྲ་གུ་རུ་པདྨ་ཐོད་ཕྲེང་རྩལ་བཛྲ་ས་མ་ཡ

་ཛ་སིདྡྷི་ཕ་ལ་ཧཱུྃ་ཨཱ༎

唵　阿　吽．貝雜爾格惹貝瑪妥赤乍．貝雜爾薩瑪雅

乍斯地帕拉阿！

弟子覺茂措傑，為後人傳承不斷，因而求得上述祈文，相續傳承信眾，如要實修祈請，若能祈請過遍，可消晝夜障難，所願定可實現，願此傳承能遇具有善根福德之人。

此儀規是掘藏者喀哞波從伏藏中掘出。

吉祥，願一切吉祥！

（九）蓮師精要祈請文

དུས་གསུམ་སངས་རྒྱས་མ།

德松桑傑瑪

དུས་གསུམ་སངས་རྒྱས་གུ་རུ་རིན་པོ་ཆེ།

德松桑傑格惹仁波切，

三世諸佛蓮花生總集，

དངོས་གྲུབ་ཀུན་བདག་བདེ་བ་ཆེན་པོའི་ཞབས།

俄智更達帝哇欽波夏，

一切悉地主人大樂尊，

བར་ཆད་ཀུན་སེལ་བདུད་འདུལ་དྲག་པོ་རྩལ།

哇爾恰更賽都鬥扎波作，

道障悉障猛利伏魔力，

གསོལ་བ་འདེབས་སོ་བྱིན་གྱིས་བརླབ་ཏུ་གསོལ།

索哇帝索興吉拉都索，

恭敬至祈請賜與加持，

ཕྱི་ནང་གསང་བའི་བར་ཆད་ཞི་བ་དང་།

希囊桑威哇爾恰希哇當，

內外密障憑加持消除，

བསམ་པ་ལྷུན་གྱིས་འགྲུབ་པར་བྱིན་གྱིས་རློབས།

桑巴林吉智巴爾興吉隆。

願望任運成就垂加持。

རྒྱ་གར་པཎ་ཆེན་བོད་ལ་བཀའ་དྲིན་ཆེ།

嘉嘎爾班欽烏拉迦貞切，

印度班欽藏地大恩師，

པདྨ་འབྱུང་གནས་སྐུ་ལ་འདས་གྲོངས་མེད།

貝瑪君內格拉帝仲美，

祖師蓮花生之身不死，

ད་ལྟ་ལྷོ་ནུབ་སྲིན་པོའི་ཁ་གནོན་མཛད།

達打洛努珊波卡弄乍，

現今西南鎮壓羅剎鬼，

ཨོ་རྒྱན་རིན་པོ་ཆེ་ལ་གསོལ་བ་འདེབས།།

鄔金仁波切拉索哇帝！

鄔金大寶上師祈降臨！

蓮師精要祈請文

（十）疾速成就祈請文

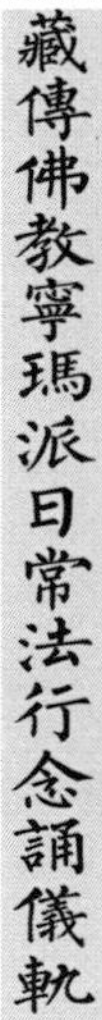

གསོལ་འདེབས་བསམ་པ་མྱུར་འགྲུབ་མ།

索帝桑巴紐爾智瑪

ཨེ་མ་ཧོ།

唉瑪火！

奇呀哉！

མཚོ་དབུས་གེ་སར་པདྨའི་སྡོང་པོ་ལ།

措威格薩爾貝瑪冬波拉，

海中蓮蕊莖梗上，

སྐུ་ལྔ་ཡེ་ཤེས་ལྷུན་གྱིས་གྲུབ་པའི་ལྷ།

格俄伊希林吉智比拉，

五身智慧任成佛，

རང་བྱུང་ཆེན་པོ་པདྨ་ཡབ་ཡུམ་ནི།

讓雄欽波貝瑪雅優尼，

自生蓮師佛父母，

མཁའ་འགྲོའི་སྤྲིན་ཕུང་འཁྲིགས་ལ་གསོལ་བ་འདེབས།

卡卓貞彭赤拉索哇帝，

我祈空行雲密佈，

藏傳佛教寧瑪派日常法行念誦儀軌

བསམ་པ་མྱུར་དུ་འགྲུབ་པར་བྱིན་གྱིས་རློབས།

桑巴紐都智巴爾興吉隆。

所願速成祈加護。

ལས་ངན་སྤྱད་པའི་རྣམ་སྨིན་མཐུས་བསྐྱེད་པའི།

列俄嘉比那閔特吉比，

惡業異熟力所生，

ནད་གདོན་བར་གཅོད་དམག་འཁྲུག་མུ་གེའི་ཚོགས།

那冬哇爾覺莫赤母格措，

病魔戰爭饑餓障，

ཁྱོད་ཞལ་དྲན་པའི་མོད་ལ་ཟད་བྱེད་པའི།

喬俠詹比母拉薩希比，

觀您聖顏即消除，

ཞལ་བཞེས་སྙིང་ནས་བསྐུལ་ལོ་ཨོ་རྒྱན་རྗེ།

夏伊寧內格洛鄔金吉，

一意摧請鄔金主，

བསམ་པ་མྱུར་དུ་འགྲུབ་པར་བྱིན་གྱིས་རློབས།

桑巴紐都智巴爾興吉隆。

所願速成賜加護。

དད་དང་ཚུལ་ཁྲིམས་གཏོང་ལ་གོམས་པ་དང་།

達當次赤冬拉果巴當，

具信梵行及喜捨，

ཐོས་པས་རྒྱུད་གྲོལ་ཁྲེལ་ཡོད་ངོ་ཚ་ཤེས།

特比吉卓赤優俄叉希，

以聞續解脫謙愧，

ཤེས་རབ་ཕུན་སུམ་ཚོགས་པའི་ནོར་བདུན་པོ།

希饒彭松措比努爾冬波，

智慧圓滿七聖財，

སེམས་ཅན་ཀུན་གྱིས་རྒྱུད་ལ་རང་ཤུགས་ནས།

賽堅更吉幾拉讓秀內，

皆悉有情不斷入，

འཇིག་རྟེན་བདེ་སྐྱིད་ལྡན་པར་དབུགས་འབྱིན་མཛོད།

吉旦帝金旦巴爾烏金佐，

有世間樂大安息，

བསམ་པ་མྱུར་དུ༔

桑巴紐都智巴爾興吉隆。

所願速成賜加護。

གང་ལ་ནད་དང་སྡུག་བསྔལ་མི་འདོད་ཀུན།

岡拉那當都俄莫多更，

一切病苦惡違緣，

འབྱུང་པོའི་གདོན་དང་རྒྱལ་པོའི་ཆད་པ་དང་།

君波冬當嘉烏恰巴當，

魔鬼魑魅惡障害，

མེ་ཆུ་གཅན་གཟན་ལམ་འཕྲང་འཇིགས་པ་ཆེ།

美曲堅燦拉木昌吉比切，

水火野獸怖險道，

ཚེ་ཡི་ཕ་མཐའ་བཏུགས་པའི་གནས་སྐབས་ཀུན།

次伊帕塔都比內迦更，

壽明臨於諸時期，

སྐྱབས་དང་རེ་ས་གཞན་དུ་མ་མཆིས་པས།

嘉當惹薩言都瑪其比，

別無其他救護處，

ཐུགས་རྗེས་སྐྱོང་ཞིག་གུ་རུ་ཨོ་རྒྱན་རྗེ།

陀吉松希格惹鄔金吉，

悲憫護佑鄔金主，

བསམ་པ་མྱུར་དུ་འགྲུབ་པར་བྱིན་གྱིས་རློབས།།

桑巴紐都智巴爾興吉隆，

所願速成賜加護！

誓言囑要

ཐུགས་དམ་གནད་བསྐུལ།

陀達納格

ཕྱོགས་དུས་རྒྱལ་བ་ཀུན་གྱི་ངོ་བོ་ཉིད།

肖德嘉哇更吉俄烏尼，

一切方時佛體性，

སངས་རྒྱས་གཞན་ལས་ཐུགས་རྗེའི་ཕྲིན་ལས་མྱུར།

桑傑燕列陀吉赤列紐爾，

彼佛悲憫事業速，

བོད་ཁམས་སྐྱོང་བ་ཞལ་གྱིས་བཞེས་པ་བཞིན།

烏康君哇夏吉伊巴音，

猶如允諾護藏地，

ཨོ་རྒྱན་རིན་པོ་ཆེ་ལ་གསོལ་བ་འདེབས།

鄔金仁波切拉索哇帝，

祈請鄔金上師寶，

བཟོད་མེད་གདུང་ཤུགས་དྲག་པོས་སྙིང་ནས་འབོད།

索美冬秀扎波寧內布，

難忍渴望從心喚，

མི་མངོན་དབྱིངས་ནས་ཐུགས་རྗེ་སྤྱན་གྱིས་གཟུ་ཏ།

莫俄央內陀吉堅吉詩。

從虛空界悲憫觀。

སྙིགས་མ་ལྔ་བདོའི་མཐའ་ལ་ཐུག་པའི་ཚེ།

尼瑪俄多塔拉陀比次，

遇到五濁橫流時，

ཡུལ་ལྷ་ཡུལ་ཕུད་འབྱུང་པོས་རྒྱལ་བཟུང་ན།

隅拉隅普君波秀松那，

地祇鬼魅如接管，

གནས་བདག་གནས་སུ་འཁོད་ཅིག་པདྨ་འབྱུང་།

內達內蘇科吉貝瑪君，

方神住處蓮花生，

ནགས་ཕྱོགས་མི་དང་འདྲེ་བདུད་ཁ་དར་ན།

那肖莫當遮都卡達爾那，

惡行人鬼魔盛行，

དཀར་ཕྱོགས་དབུགས་དབྱུང་མཛོད་ཅིག་པདྨ་འབྱུང་།

嘎爾肖烏君佐吉貝瑪君。

善品安息蓮花生。

ཆོས་སྐྱོང་རྣམས་ཀྱི་དམ་བཅའ་བདང་གྱུར་ན།

切君南吉達嘉當吉那，

護法聖眾誓願起，

དམ་ཚིག་ཕྱག་རྒྱས་ཆིངས་ཞིག་པདྨ་འབྱུང་།

達辭夏嘉強秀貝瑪君，

誓印約束蓮花生，

དམ་མེད་ཤི་འདྲེས་བར་ཆད་རྩོམ་གྱུར་ན།

達美希遮哇爾恰佐吉那，

無誓死鬼障礙起，

འདི་གོད་དམ་ལ་ཐོག་ཅིག་པདྨ་འབྱུང་།

遮果達拉妥吉貝瑪君。

鷲魔起誓蓮花生。

སྐྱེ་འགྲོའི་ཤེས་རྒྱུད་བགེགས་ཀྱིས་བརླབས་གྱུར་ན།

吉卓希幾迦吉拉吉那，

有情心識魔轉化，

ཁ་ཁྲོལ་བགེགས་ཚོགས་བསྒྲོད་ཅིག་པདྨ་འབྱུང་།

卡楚迦措卓吉貝瑪君。

解除諸障蓮花生。

སྨོན་ལོག་དམ་སྲིད་བསྟན་ལ་བར་གཅོད་ན།

萌洛達舍旦拉哇爾覺那，

違願少誓教中斷，

དྲག་རྩལ་ཐུགས་ཀྱིས་སྒྲོལ་ཅིག་པདྨ་འབྱུང་།

扎作秀吉卓吉貝瑪君。

猛力救度蓮花生。

རྒྱ་འདྲེ་འགོང་པོས་བོད་ཁམས་ཕུང་གྱུར་ན།

嘉遮貢波烏康彭吉爾那，

械鬥威懾藏地禍，

མཐུ་སྟོབས་ནུས་པས་ཐུལ་ཅིག་པདྨ་འབྱུང་།

土多努比陀吉貝瑪君。

威德調伏蓮花生。

མཐའ་བཞིའི་དམག་གི་མཚོན་ཁ་ལངས་པ་ན།

塔伊莫格璁卡當哇那，

四圍刀兵戰爭起，

མཐའ་དམག་དུས་འཁྲུག་བཟློག་ཅིག་པདྨ་འབྱུང་།

塔莫德赤哆吉貝瑪君。

降伏外寇蓮花生。

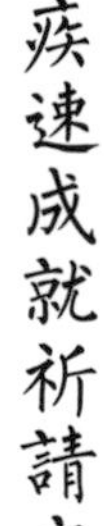

ལྷ་སྲིན་མ་མོའི་ནད་ཡམས་འཁྱེབས་པ་ན།

拉珊瑪母那雅特巴那，

本母神鬼布瘟疫，

ཐུགས་རྗེ་སྨན་གྱིས་སོས་ཤིག་པདྨ་འབྱུང་།

陀吉曼吉索秀貝瑪君。

悲憫醫治蓮花生。

འབྲོག་པ་ཕྱུགས་ཉེས་ཡུལ་བ་ལོ་ཉེས་ན།

卓巴秀尼偶哇洛尼那，

如若畜牧遭災時，

འབྲུ་ནོར་ལོངས་སྤྱོད་སྤེལ་ཅིག་པདྨ་འབྱུང་།

智努爾龍覺白吉貝瑪君。

財糧豐享蓮花生。

ས་ཡི་བཅུད་ཉམས་སྐྱེ་འགྲོའི་གཡང་ཉམས་ན།

薩伊吉娘吉卓央娘那，

有情地力福祿損，

བཅུད་གཡང་བྱིན་ཆེན་ཕོབ་ཅིག་པདྨ་འབྱུང་།

吉央興欽普吉貝瑪君。

降臨福祿蓮花生。

藏傳佛教寧瑪派日常法行念誦儀軌

བསྟན་དང་བསྟན་འཛིན་སྡེ་དང་བཅས་པ་རྣམས།

旦當旦增帝當吉巴南，

佛教守護諸俱足，

དར་ཞིང་རྒྱས་པར་མཛོད་ཅིག་པདྨ་འབྱུང་།

達香吉巴爾佐吉貝瑪君。

庫藏興旺蓮花生。

ཆོས་མེད་བདག་སོགས་འཁོར་བ་འཁྱམས་པ་ན།

切美達索科爾哇恰巴那，

末法我等漂輪迴，

བདེ་ཆེན་ཞིང་དུ་དྲོངས་ཤིག་པདྨ་འབྱུང་།

帝欽香都仲秀貝瑪君。

引大樂土蓮花生。

ལྟ་སྒོམ་སྤྱོད་པའི་གོལ་སར་འཕྱུགས་གྱུར་ན།

達果覺比果薩其吉爾那，

若觀修行在岐路，

དོན་དམ་རང་ངོ་སྤྲོད་ཅིག་པདྨ་འབྱུང་།

冬達讓俄卓吉貝瑪君。

自識勝義蓮花生。

འདི་དང་ཕྱི་མ་ཐམས་ཅད་ལ།

帝當希瑪塔堅拉，

今後諸如盡一切，

འབྲེལ་མེད་ཐུགས་རྗེས་སྐྱོངས་ཤིག་པདྨ་འབྱུང་།

遮美陀吉君秀貝瑪君。

不離悲護蓮花生。

མདོར་ན་སྡུག་བསྔལ་ཉེས་ཚོགས་ཅི་བྱུང་ཡང་།

多爾那都俄尼措吉雄央，

乃至眾罪苦盡生，

རྟག་ཏུ་ཐུགས་རྗེས་སྐྱོངས་ཤིག་པདྨ་འབྱུང་།

達都陀吉君秀貝瑪君。

常悲憫護蓮花生。

如是從內心不斷祈請種種事因之外，應反復念誦蓮花生大師心咒至終。

（十一）初十功德祈請頌

ཆོས་བཅུའི་ཕན་ཡོན་གསོལ་འདེབས་བཞུགས།

次吉盤雲索帝秀

སངས་རྒྱས་གཉིས་པ་སློབ་དཔོན་ལ།

桑傑尼巴羅本拉，

僅向大阿闍黎第二佛，

རྣམ་པ་ཀུན་ཏུ་ཕྱག་འཚལ་ཞིང་སྐྱབས་སུ་མཆིའོ།

南巴更都夏叉香嘉蘇卻，

一切我盡頂禮和皈依，

བསྐལ་བཟང་འདིར་བྱིན་སངས་རྒྱས་སྟོང་རྩ་ཀུན།

嘎桑德興桑傑冬乍更，

在此賢劫出世千佛眾，

སྤངས་རྟོགས་མཉམ་ཞིང་འགྲོ་ལ་ཐུགས་བརྩེ་ཡང་།

榜多娘香卓拉陀裁央，

斷證圓滿同行中悲湣，

གངས་རི་ཁྲོད་འདིར་ཁྱོད་དང་མཚུངས་པ་ཡི།

岡惹楚德喬當瑭巴伊，

在這雪山當中唯有您，

བཀའ་དྲིན་བརྗོད་དུ་མེད་པར་བསམ་གྱིན་དང་།

嘎貞覺都美巴爾桑金達，

恩德難以言說眾敬信，

ཁ་བ་ཅན་འདི་ལག་ན་པདྨ་ཡིས།

卡哇堅德拉那貝瑪伊，

在這雪域憑以蓮花手，

གདུལ་བྱར་རྒྱལ་བས་ལུང་བསྟན་མཛད་པའི་དོན།

都夏嘉哇龍旦乍比冬，

佛陀徒眾授記之本義，

མེས་དཔོན་གསུམ་དང་ཨྒྱོན་ཆེན་པོ་ཡིས།

美本松當鄔金欽波伊，

祖孫三代法王與鄔金，

མཛད་པའི་རྣམ་ཐར་ལས་གཞན་དམིགས་སུ་མེད།

乍比南塔列燕莫蘇美，

所著傳記別處無所求，

གུ་རུ་ང་སྒོམས་ང་སྒྲུབས་ང་རྗེས་སྙོགས།

格茹俄果俄智俄吉娘，

師說我修我成就隨定，

ང་མཐོང་སངས་རྒྱས་ཀུན་མཐོང་ང་ཉིད་ནི།

俄彤桑傑更彤俄尼擬，

我見一切諸佛所照見，

བདེ་གཤེགས་འདུས་པའི་ངོ་བོ་ཉིད་ཡིན་པས།

帝歇德比俄烏尼音比，

憑以如來善逝總體性，

初十功德祈請頌

ཚེས་བཅུ་བྱུང་རེས་བོད་དུ་འབྱོན་ཞེས་གསུངས།

次吉雄熱烏都金希松，

初十降生降臨於藏土，

དེ་ཕྱིར་རྣམ་ཐར་དྲན་པས་གསོལ་བ་འདེབས།

帝秀爾南塔詹比索哇帝。

因此想起傳記我祈請。

ཧོར་ཟླ་དྲུག་པའི་ཚེས་བཅུའི་ཉི་ཤར་ལ།

忽爾達智比次吉尼哈爾拉，

藏曆六月初十日升時，

དྷ་ན་ཀོ་ཤར་པདྨའི་སྦུབས་ལ་བྱོན།

達納郭夏貝瑪烏拉興，

降臨達納郭夏蓮花蕊，

རྒྱལ་ཟླར་ཨིནྡྲ་བོ་དྷིས་སྤྱན་དྲངས་ཏེ།

嘉達恩扎菩提堅章帝，

恩扎菩提十二月迎請，

རྒྱལ་བུར་མངའ་གསོལ་རྡོ་རྗེའི་ལམ་མཆོག་བསྙེན།

嘉烏爾俄索多傑拉木卻寧，

立為王儲念修金剛道，

མཆུ་ཟླར་རྒྱལ་སྲིད་སྤངས་ནས་བསིལ་ཚལ་དུ།

曲達爾嘉詩榜內思叉都，

正月捨棄王位赴寒林，

བརྟུལ་ཞུགས་སྤྱོད་པས་མཁའ་འགྲོ་དབང་དུ་བསྡུས།

都秀覺比卡卓旺都德，

苦修禁行征服空行母，

དབོ་ཟླར་བསྟན་ལ་རིམ་བཞིན་བཀྲི་བའི་སླད།

波達爾旦拉仁音智威拉，

二月為漸開導信佛法，

སློབ་དཔོན་པྲ་བྷ་ཧ་སྟིར་རབ་ཏུ་བྱུང་།

洛本扎巴哈帝爾日阿卻雄，

教授扎巴哈德前出家，

ནག་ཟླར་ཟ་ཧོར་རྒྱལ་པོས་གསོན་བསྲེགས་ཚེ།

納達爾薩霍爾嘉烏松舍次，

三月薩霍國土燒活牲，

མེ་ཡང་ཆུར་བསྒྱུར་སུམ་རྩེན་ལྷ་ཡིས་བསྟོད།

美央曲吉松增拉伊多，

變火為水天神亦稱讚，

ས་ཟླར་ཨྱོན་རྒྱལ་པོས་ཡབ་ཡུམ་གཉིས།

薩達爾鄔金嘉波雅優尼，

四月鄔金國王將父母，

ལྷན་ཅིག་མེར་བསྲེགས་ལོག་སྲིད་ཅན་དག་ཀྱང་།

林吉美舍洛室堅達江，

同時火燃一切邪惡人，

རང་དབང་མེད་པར་དད་པའི་གནས་ལ་བཀོད།

讓旺美巴爾達比內拉果，

不由自主安置敬信處，

སྣྲོན་ཟླར་ལྷོ་ཕྱོགས་མཐར་སྐྱེས་རྒྱལ་ཁམས་སུ།

努達爾洛肖塔傑嘉康蘇，

五月南方邊遠國土上，

བསྟན་ལ་འཁུ་བའི་མུ་སྟེགས་ཐོག་གིས་བསྒྲལ།

旦拉科威莫達妥格扎，

用雷殛殺仇佛外道徒，

ཁྲོ་བཞིན་ཟླ་བར་མཐའ་འཁོབ་ཟངས་གླིང་གི

卓音達哇爾塔科桑林格，

牛宿七月在荒邊錫蘭，

མུ་སྟེགས་རྒྱལ་པོས་ཟངས་ཆེན་ཁ་སྦྱོར་ནང་།

莫達嘉波桑欽卡覺囊，

被外道王置於銅鍋裡，

བཙུག་ནས་ཆུ་ཀླུང་བསྐྱུར་ཀྱང་རྫུ་འཕྲུལ་གྱིས།

吉內曲龍吉爾江支赤吉，

密封鍋口拋入急流中，

ནམ་མཁར་གཤེགས་པའི་མོད་ལ་ཆུ་ཀླུང་ཡང་།

南卡歇比母拉曲龍央，

神通遁入虛空水倒流，

གྱེན་ལྡོག་སྡུག་སྦྱོང་རྒྱལ་པོའི་གནས་འཇིག་ལ།

金洛都君嘉烏內吉拉，

作惡國王住處欲摧毀，

ཉེ་བས་སྤྲ་བཀོངས་བཟོད་གསོལ་སྐྱབས་སུ་བསྟེན།

尼威巴貢索索嘉蘇登。

神情慌恐告饒求皈依。

ཁྲིམས་ཟླར་མུ་སྟེགས་ངན་པའི་ཟས་དུག་གིས།

赤達爾莫達俄比賽都格，

八月外道惡人投毒食，

བཀྲོངས་པར་སེམས་ཀྱང་གནོད་པ་མེད་ཀྱི་སྟེང་།

仲巴爾賽江努巴美吉當，

圖謀暗殺卻未受傷害，

གཟི་མདངས་ལྷག་པར་རྒྱས་པའི་ངང་ཚུལ་བསྟན།

詩當拉巴爾吉比呃次旦，

容光煥發示現美風采，

ཐ་སྐར་ཟླ་ལ་ཡང་ལེ་ཤོད་དུ་ཕེབས།

塔迦達拉央裡肖都拍，

羌宿九月駕臨央裡肖，

བལ་བོད་གཉིས་ཀའི་ལྷ་འདྲེས་མཐོ་འཚམས་ཀྱང་།

哇烏尼格拉遮妥叉江，

尼藏兩地鬼神雖為敵，

རྡོ་རྗེ་གཞོན་ནུའི་སྐུར་བཞེངས་དམ་ལ་བཞག

多傑雲努格爾央達拉雅，

示現調伏金剛童子身，

སྨིན་དྲུག་ཟླ་བར་བོད་ཡུལ་དབུས་སུ་བྱོན།

閔智達哇爾烏隅威蘇興，

昴宿十月駕臨衛藏地，

ཧས་པོ་རི་རྩེར་ལྷ་སྲིན་དམ་ལ་བཞག།

海波惹裁爾拉珊達拉雅，

海波山頭降伏眾鬼神，

རྒྱལ་བསྟན་བོད་དུ་དར་བ་ཁྱོད་གཅིག་པུའི།

嘉旦烏都達爾哇喬吉波，

藏地佛法弘揚唯靠您，

དྲིན་ལ་གཞན་དྲིང་མི་འཇོག་བསམ་གྱིན་དང་།

詹拉燕章莫覺桑金達，

不依他人想起生敬信，

མགོ་ཟླར་སྲིན་ཡུལ་གཤེགས་པ་ལ་དགོངས་ནས།

果達爾珊隅歇巴拉貢內，

十一月份欲赴羅剎土，

མཆིམས་ཕུར་ཡོན་མཆོད་བཀའ་བགྲོས་བོད་ཡུལ་ཀུན།

欽普雲卻迦卓烏隅更，

施主福田議事於欽普㉘，

གཏེར་གྱིས་གཏམས་པའི་སྣ་གོན་དང་འབྲེལ་པར།

帝爾吉達比達貢當遮巴爾，

予備藏地處處埋伏藏，

གཞི་བདག་དབང་བསྡུས་གཏེར་གྱི་གཉེར་བྱང་གཏད།

伊達旺德帝爾吉尼香達，

收服地祇封為管藏神，

དེ་ཕྱིར་བྱུང་ངོ་ཅོག་གི་ཚེས་བཅུ་རྣམས།

帝希爾雄俄覺格次吉南，

為此每月適逢初十日，

ཁྱོད་ཀྱིས་མཛད་པ་ཕྲིན་ལས་དུས་ཆེན་དང་།

喬吉乍巴赤列德欽當，

是您成就事業歡喜時，

མ་དང་མཁའ་འགྲོ་འདུ་བའི་སྐབས་ཡིན་པས།

瑪當卡卓都比迦音比，

也是空行天母聚會日，

ནང་དུ་རྡོ་རྗེའི་ལུས་ལ་རྩ་ཐིག་རླུང་།

囊都多傑列拉乍台隆，

金剛身內風脈明點聚，

འདུ་བ་ངོ་མཚར་ཅན་གྱི་རྟེན་འབྲེལ་ལས།

都哇俄叉堅吉旦遮列，

從而殊勝稀有之緣起，

རྣམ་བཞིའི་ཕྲིན་ལས་ཀུན་ལ་དབང་འགྱུར་ཞིང་།

南伊赤列更拉旺覺爾香，

四種事業均可證圓滿，

ཆར་ཆུ་འབེབས་ཤིང་མི་ཕྱུགས་ནད་རིམས་ཞི།

恰爾曲巴香莫秀那惹希，

風調雨順人畜無瘟疫，

སད་སེར་དབུལ་ཕོངས་དམག་འཁྲུག་གོད་ཁ་སོགས།

薩賽烏旁莫赤果卡索，

霜雹貧窮兵難損耗等，

འཇིག་རྟེན་དུས་ཀྱི་རྒུད་པ་ཇི་སྙེད་ཀུན།

吉旦德吉格哇吉尼更，

世間四時災苦盡所有，

ཚེས་བཅུའི་དུས་མཆོད་བཟུང་ནས་གསོལ་འདེབས་ཀྱི།

次吉德卻松內索帝吉，

不失初十期供我祈請，

བྱིན་རླབས་ཁོ་ནས་ཞི་བ་མངོན་སུམ་ཕྱིར།

興拉科內希哇俄松希爾，

靠其妙力息滅而現前，

ཞལ་བཞེས་དུས་ལ་བབ་པོ་ཐུགས་རྗེས་གཟིགས།

夏伊德拉哇波陀吉詩，

許諾已經到時請垂顧，

བོད་འབངས་བསམ་ཡོད་ཐམས་ཅད་ཁྱོད་ལ་དད།

烏榜桑優塔堅喬拉達，

一切有心藏人信仰您，

བསམ་མེད་དྲིན་ཅན་ཕ་མ་དག་ལ་ཡང་།

桑美貞堅帕瑪達拉央，

就是傷害父母無心人，

འཁུ་བར་བྱེད་ན་ཁྱེད་ཀྱི་ཐུགས་རྗེ་ལ།

科哇爾希那切吉陀吉拉，

你亦憐憫慈悲無親疏，

ཉེ་རིང་མ་མཆིས་ཐུགས་དམ་རྒྱུད་བསྐུལ་ལ།

尼讓瑪其陀達吉格拉，

但願促發轉意立誓言，

བོད་འབངས་ནམ་ཡང་ཡལ་བར་མི་འདོར་བའི།

烏榜南央雅哇爾莫多爾威，

許諾承不拋棄藏庶民，

ཞལ་བཞེས་དུས་ལ་བབ་པོ་ཐུགས་རྗེས་གཟིགས།

夏伊德拉哇波陀吉詩，

現已到時請慈悲垂顧，

བསམ་དོན་ཡིད་བཞིན་འགྲུབ་པར་བྱིན་གྱིས་རློབས།

桑冬伊音智巴爾興吉隆！

願望如意成就賜加持！

此為桑耶寺名叫阿的比丘提議，由持明久美嶺巴所寫。善哉！

ཨེ་མ་ཧོ།

唉瑪火！

奇呀哉！

དུས་གསུམ་སངས་རྒྱས་ཀུན་གྱི་ཐུགས་རྗེ་གཏེར།

德松桑傑更吉陀吉帝爾，

三世一切諸佛慈悲藏，

ཁམས་གསུམ་མ་ལུས་སྒྲོལ་བའི་དེད་དཔོན་མཆོག།

康松瑪列卓比帝宏卻，

無餘救度三界聖商主，

བོད་ཁམས་འགྲོ་བ་ཡོངས་ཀྱི་གཉེན་གཅིག་པུ།

烏康卓哇雲吉寧吉波，

藏地普眾唯一之親人，

བཀའ་དྲིན་མཚུངས་མེད་ཨྱོན་ཆེན་པོ་ལ།

嘎貞從美鄔金欽波拉，

無比恩德鄔金蓮花生，

ལུས་དང་ལོངས་སྤྱོད་བློ་སྙིང་བྲང་གསུམ་འབུལ།

列當龍覺洛寧章松波，

身命財富意趣供養您，

ཁ་ཞེ་ངོ་སྐྲག་མེད་པར་གསོལ་བ་འདེབས།

卡希俄果美巴爾索哇帝，

心口如一不二我祈請，

འཁོར་ཚེ་ཐོག་མ་མེད་ནས་ད་ལྟའི་བར།

科爾次妥瑪美內達打哇爾，

時輪無始無終到如今，

མ་རིག་ལས་དང་ཉོན་མོངས་དབང་གྱུར་ནས།

瑪仁列俄紐萌旺吉內，

為無明業煩惱所控制，

ཁམས་གསུམ་རྒྱུད་དྲུག་གནས་སུ་འཁྱམས་པ་བདག།

康松吉智內蘇恰巴達，

淪落三界六趣輪迴裡，

སྡུག་བསྔལ་གསུམ་གྱི་ཞགས་པས་བཅིངས་པ་ལས།

都俄松吉夏比江巴列，

從彼三苦鐵索所纏縛，

མྱུར་དུ་ཐུགས་རྗེས་སྒྲོལ་ཅིག་གུ་རུ་རྗེ།

紐都陀吉卓吉格惹吉，

恭請上師慈憫速解脫，

འདི་ནས་བཟུང་སྟེ་བྱང་ཆུབ་མ་ཐོབ་པར།

德內松帝香琪瑪妥巴爾，

從今開始乃至證菩提，

སྐྱིད་སྡུག་ལེགས་ཉེས་བཟང་ངན་ཅི་བྱུང་ཡང་།

金都拉尼桑俄吉雄央，

苦樂善惡好壞何發生？

རྗེ་བཙུན་ཆེན་པོ་པདྨ་འབྱུང་གནས་མཁྱེན།

吉贊欽波貝瑪君內欽，

至尊蓮花生尊請垂顧，

གསོལ་བ་སྙིང་ནས་འདེབས་པའི་གང་ཟག་ལ།

索哇寧內帝比岡薩拉，

請對虔誠祈請所有人，

ཐུགས་རྗེ་རྒྱུན་ཆད་མེད་པར་ཞལ་བཞེས་པའི།

陀吉金恰美巴夏伊威，

許諾永遠不斷發悲憫，

ཐོས་གྲོལ་གསུང་གི་དོན་འབྲས་མ་ལུས་པ།

妥卓松格冬遮瑪列巴，

能使聞即解脫語義果，

མངོན་སུམ་མིག་གི་བདུད་རྩིར་སྩལ་དུ་གསོལ།

俄松莫格都支乍都索，

祈請降臨眼前現甘露，

ཁྱད་པར་ནམ་ཞིག་ཚེ་ཡི་དུས་བྱས་ཏེ།

恰巴爾南茜次伊德希帝，

特別終久一日死期至，

བེམ་རིག་འབྲལ་བའི་དུས་ལ་བབ་པ་ན།

威惹扎威德拉哇巴那，

色法心法分離到時機，

སྐྱེ་འཆི་བར་དོ་གནད་གཅོད་སྡུག་བསྔལ་འཕྲང་།

吉其哇爾多那覺都俄昌，

生死中有肢節解苦厄，

ཉེན་ཏུ་འཇིགས་པ་ཆེན་པོའི་གཡང་ས་ལས།

恒都吉巴欽波央薩列，

隘道大怖畏之懸崖間，

སྐྱོབས་ཏེ་ངན་སོང་གསུམ་དུ་མ་བཏང་བར།

覺帝呃松宋都瑪當哇爾，

請度離難不墮三惡趣，

རང་སྣང་རྣམ་དག་ཟངས་མདོག་དཔལ་རི་ཞིང་།

讓囊南達桑多華惹香，

出現清淨銅色吉祥山，

སྐུ་གསུམ་བདེ་བ་ཆེན་པོའི་ཕོ་བྲང་ཆེར།

格松帝哇欽波普章切爾，

三身大樂越量宮殿裡，

མགོན་པོ་ཁྱོད་ཀྱི་ཐུགས་དང་དབྱེར་མེད་དུ།

貢波喬吉陀當吉爾美都，

與怙主您心相應無別，

འདྲེན་པའི་དེད་དཔོན་མཛོད་ཅིག་མ་ཧཱ་གུ་རུ།

詹比帝本佐吉瑪哈格惹，

請作引度商主摩訶師，

སྐྱབས་གནས་ཀུན་འདུས་ཨྱོན་ཆེན་པོ་མཁྱེན།

嘉內更德鄔金欽波欽，

依處總集大鄔金垂知，

སངས་རྒྱས་ཀུན་འདུས༔

桑傑更德鄔金欽波欽，

諸佛總集大鄔金垂知，

དམ་ཆོས་ཀུན་འདུས༔

達切更德鄔金欽波欽，

正法總集大鄔金垂知，

དགེ་འདུན་ཀུན་འདུས༔

更登更德鄔金欽波欽，

僧伽總集大鄔金垂知，

རྩ་གསུམ་ཀུན་འདུས༔

乍松更德鄔金欽波欽。

三根本集大鄔金垂知。

ད་ནི་དུས་ངན་སྙིགས་མའི་མཐའ་ལ་ཐུག།

達尼德俄尼瑪塔拉陀，

現今正值五濁惡世時，

དམ་ཆོས་ཚུལ་བཞིན་བྱེད་པའི་ལོང་མ་ཁོམ།

達切次音希比龍瑪科，

如理修習正法無空閒，

སད་སེར་བཙའ་ཐན་ནད་ཡམས་མུ་གེ་དང་།

薩賽爾乍坦那雅莫格當，

冰雹乾旱饑荒瘟疫起，

འཁྲུག་རྩོད་དུས་ཀྱི་རྒུད་པས་ཀུན་ཏུ་མནར།

楚佐德吉格比更都瑪爾，

四時戰亂災苦盡折磨，

འབྱུང་བ་སྒང་གཞོངས་སྣོད་བཅུད་རྐྱེན་འབྲེལ་འཁྲུག།

君哇岡雄努吉旦遮其，

五大陵谷情器逆緣起，

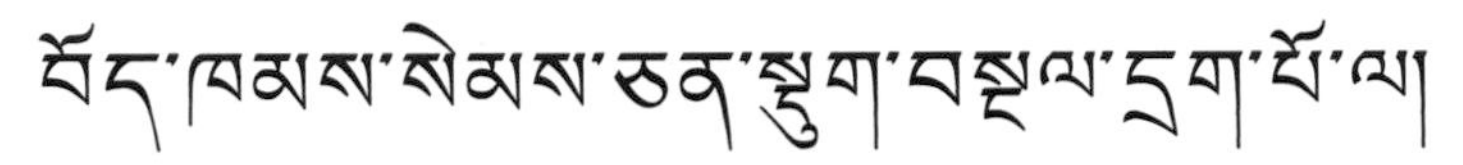
བོད་ཁམས་སེམས་ཅན་སྡུག་བསྔལ་དྲག་པོ་ལ།

烏康賽堅都俄扎波拉，

藏地有情忽生苦難時，

སྐྱོད་ཚེ་རྗེ་བཙུན་གུ་རུའི་ཐུགས་རྗེ་ཡིས།

覺次吉贊格惹陀吉伊，

至尊蓮師請發大慈悲，

གནས་སྐབས་རྫོགས་ལྡན་གསར་པའི་སྒོ་འཕར་ཕྱེ།

內迦佐旦薩爾威果帕爾希，

現時打開圓滿新劫門，

མཐར་ཐུག་འོད་གསལ་ཆོས་སྐུའི་ཕོ་བྲང་དུ།

塔爾陀敖薩切格普章都，

究竟光明法身宮殿中，

ཁམས་གསུམ་ལུས་ཅན་མཐའ་དག་དབུགས་དབྱུང་ནས།

康松列堅塔達烏欽內，

祈請三界有情皆安住，

འཁོར་བ་དོང་ནས་སྤྲུགས་པར་མཛོད་དུ་གསོལ།།

科爾哇冬內智巴爾作都索。

救出輪迴苦厄證解脫。

以上祈文，要以感激涕零敬信而作祈請。此祈文是在雅隆水晶石窟大轉無量會供輪時，應至親眷屬懇請，由隆欽南喀那覺在扎娘格加山下所作。

初十功德祈請頌

（十二）發願迴向

བསྔོ་སྨོན།

俄萌

བླ་མའི་གནས་གསུམ་འབྲུ་གསུམ་ལས།

喇嘛內松智松列，

上師三處三字種㉙，

འོད་ཟེར་རིམ་དང་གཅིག་ཆར་འཕྲོས།

敖賽仁當吉叉爾楚，

次第放射大光明，

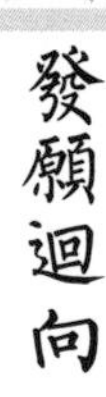

བདག་གི་གནས་གསུམ་ཐིམ་པ་ཡིས།

達格內松妥巴伊，

由我三處作融入，

དབང་བཞི་ཐོབ་ཅིང་སྒྲིབ་བཞི་དག།

旺伊妥江智伊達，

證得四灌四障除，

ལམ་བཞི་བསྒོམ་པའི་སྣོད་དུ་གྱུར།

拉木伊果比努都吉爾，

修習四道㉚腑中變，

མཐར་ནི་རང་ཐིམ་དབྱེར་མེད་ངང་།

塔尼讓妥吉爾美俄，

終融一體無分別，

བློ་འདས་ཆོས་སྐུའི་རང་ཞལ་བལྟ།

洛帝切格讓夏達。

意外法身觀自性。

དགེ་བ་འདི་ཡིས་མྱུར་དུ་བདག །

格哇德伊紐爾都達，

我願通過世善行，

ཨྱོན་བླ་མ་འགྲུབ་གྱུར་ནས།

鄔金喇嘛智吉爾內，

修成鄔金上師果，

འགྲོ་བ་གཅིག་ཀྱང་མ་ལུས་པ།

卓哇吉江瑪列巴，

一覽無餘齊發生，

དེ་ཡིས་ས་ལ་འགོད་པར་ཤོག །

帝伊薩拉果巴爾肖。

普遍度至菩薩地。

發願迴向

（十三）長壽佛根本咒

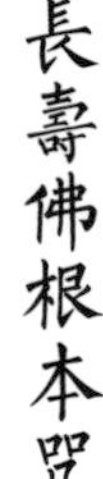

ཚེ་གཟུངས།

次松

འཇིག་རྟེན་འདྲེན་པའི་གཙོ་བོ་ཚེ་དཔག་མེད།

吉旦遮比佐烏次華美，

世間怙主無量壽，

དུས་མིན་འཆི་བ་མ་ལུས་འཇོམས་པའི་དཔལ།

德萌其哇瑪列覺比華，

非時死無餘摧除，

མགོན་མེད་སྡུག་བསྔལ་གྱུར་པ་རྣམས་ཀྱི་སྐྱབས།

貢美都俄吉爾巴南吉嘉，

孤獨苦厄諸變依，

སངས་རྒྱས་ཚེ་དཔག་མེད་ལ་ཕྱག་འཚལ་ལོ།

桑傑次華美拉夏叉洛！

長壽佛前我頂禮！

ༀ་ན་མོ་བྷ་ག་ཝ་ཏེ། ་པ་རི་མི་ཏ་ཨ་ཡུརྫྙཱ་ན་སུ་བི

་ནི་ཤྩི་ཏ་ཏེ་ཛོ་ར་ཛཱ་ཡ།

ཏ་ཐཱ་ག་ཏ་ཡ། ཨརྷ་ཏེ་སམྱཀྶཾ་བུདྡྷཱ་ཡ། ཏ་དྱ་ཐཱ། ༀ

་པུཎྱེ་པུཎྱེ། མ་ཧཱ་པུཎྱེ། ཨ་པ་རི་མི་ཏ་པུཎྱེ། ཨ་པ

་རི་མི་ཏ་པུཎྱེ་ཛྙཱ་ན་སཾ་བྷཱ་རོ་པ་ཙི་ཏེ། ༀ་སརྦ་སཾ་སྐཱ

་ར་པ་རི་ཤུདྡྷ་དྷརྨ་ཏེ་ག་ག་ན་ས་མུདྒ་ཏེ་སྭ་བྷཱ་ཝ་བི་ཤུ

དྡྷེ་མ་ཧཱ་ན་ཡ་པ་རི་ཝཱ་རེ་སྭཱ་ཧཱ།

嗡南無巴噶瓦帝，阿巴日梅達，阿攸爾佳納，娑伯尼折達，庇佐日阿乍雅，達塔噶達雅，阿爾哈帝，桑木雅布達雅。達雅塔，嗡波列波列，摩訶波列，阿哇日梅達波列，阿哇日梅達波列嘉那桑巴若巴折帝，嗡，薩爾哇薩噶，日阿巴日悉達達爾瑪帝噶噶拉，薩莫噶帝，索巴哇伯悉帝，摩訶拉雅，巴日瓦熱娑哈。

ཚེ་ལོ་བརྒྱ་ཐུབ་ཅིང་སྟོན་བརྒྱ་མཐོང་དང་།

次洛嘉妥江冬嘉彤當，

人壽百歲百現出，

ཚེ་རིང་ནད་མེད་བདེ་སྐྱིད་ཕུན་སུམ་ཚོགས།

次仁那美帝金彭松措，

長壽健康樂圓滿，

ཐེག་པ་མཆོག་ལ་ངེས་པར་འབྱུང་བ་སྐྱེ།

乘巴卻拉呢巴爾君哇帝，

一定生起殊勝乘，

བཀྲ་ཤིས་དེས་ཀྱང་དེང་འདིར་བདེ་ལེགས་ཤོག །

扎西帝江當德爾帝拉肖！

願今世吉祥如意！

（十四）度母七支

སྒྲོལ་མ་ཡན་ལག་བདུན་པ་འབུལ།

卓瑪燕拉冬巴波

པོ་ཏ་ལ་ཡི་གནས་མཆོག་ནས།

波達拉伊內卻內，

從普陀洛迦聖地，

ཏྃ་ཡིག་ལྗང་གི་ལས་འཁྲུངས་ཤིང་།

党伊江格列寵香，

綠色黨字中降生，

ཏྃ་ཡིག་འོད་ཀྱིས་འགྲོ་བ་སྒྲོལ།

党伊敖吉楚哇卓，

黨字光芒救度照，

སྒྲོལ་མ་འཁོར་བཅས་གཤེགས་སུ་གསོལ།

卓瑪科爾吉歇蘇索。

度母眷屬祈降臨。

ལྷ་དང་ལྷ་མིན་ཅོད་པན་གྱི།

拉當拉萌覺般吉，

天與非天之寶冠，

ཞབས་ཀྱི་པདྨོ་ལ་བཏུད་དེ།

夏吉貝瑪拉都帝，

頂禮紅色聖足蓮，

ཕོངས་པ་ཀུན་ལས་སྒྲོལ་མཛད་མ།

旁巴更列卓作瑪，

一切貧困救度母，

སྒྲོལ་མ་ཡུམ་ལ་ཕྱག་འཚལ་ལོ།

卓瑪優拉夏叉洛。

頂禮聖救度佛母。

རྗེ་བཙུན་འཕགས་མ་སྒྲོལ་མ་དང་།

吉贊帕瑪卓瑪當，

至尊聖救度佛母，

ཕྱོགས་བཅུ་དུས་གསུམ་བཞུགས་པ་ཡིན།

肖吉德松秀巴伊，

住於十方三世中，

རྒྱལ་བ་སྲས་བཅས་ཐམས་ཅད་ལ།

嘉哇舍吉塔堅拉，

所有佛菩薩之中，

ཀུན་ནས་དང་བས་ཕྱག་བགྱིའོ།

更內當威夏吉敖。

一切淨信而頂禮。

མེ་ཏོག་བདུག་སྤོས་མར་མེ་དྲི།

美多都白瑪爾美智，

鮮花薰香酥油燈，

ཞལ་ཟས་རོལ་མོ་ལ་སོགས་པ།

夏塞若母拉索巴，

供品法樂等俱足，

དངོས་འབྱོར་ཡིད་ཀྱིས་སྤྲུལ་ནས་འབུལ།

俄覺爾伊吉智內波，

資財以心幻化供，

འཕགས་མའི་ཚོགས་རྣམས་བཞེས་སུ་གསོལ།

帕瑪措南伊蘇索。

佛母聖眾祈降臨。

ཐོག་མ་མེད་ནས་ད་ལྟའི་བར།

妥瑪美內達打哇爾，

無始以來至如今，

མི་དགེ་བཅུ་དང་མཚམས་མེད་ལྔ།

莫格吉當叉美俄，

十不善五無間罪㉛，

སེམས་ནི་ཉོན་མོངས་དབང་གྱུར་པའི།

塞尼娘萌旺吉比，

心識煩惱根變化，

སྡིག་པ་ཐམས་ཅད་བཤགས་པར་བགྱི།

德巴塔堅夏巴爾吉。

所有罪業作懺悔。

ཉན་ཐོས་རང་རྒྱལ་བྱང་ཆུབ་སེམས།

寧梯讓嘉香琪賽，

聲聞獨覺菩薩等，

སོ་སོ་སྐྱེ་བོ་ལ་སོགས་པས།

索索吉烏拉索比，

積集各個眾生中，

དུས་གསུམ་དགེ་བ་ཅི་བསགས་པའི།

德松格哇吉薩比，

三世一切善積集，

བསོད་ནམས་ལ་ནི་བདག་ཡི་རང་།

索南拉尼達伊當，

福澤之中我歡喜，

སེམས་ཅན་རྣམས་ཀྱི་བསམ་པ་དང་།

賽堅南吉桑巴當，

是諸有情之心思，

བློ་ཡི་བྱེ་བྲག་ཇི་ལྟ་བར།

洛伊希扎吉達哇爾，

智慧各別即如是，

ཆེ་ཆུང་ཐུན་མོང་ཐེག་པ་ཡི།

切群彤萌乘巴伊，

由是大小共同乘，

ཆོས་ཀྱི་འཁོར་ལོ་བསྐོར་དུ་གསོལ།

切吉科洛果都索，

祈請法輪作轉動，

འཁོར་བ་ཇི་སྲིད་མ་སྟོངས་བར།

科爾哇吉詩瑪冬巴，

乃至輪迴而消滅，

མྱ་ངན་མི་འདོད་ཐུགས་རྗེ་ཡིས།

娘俄莫達陀吉伊，

脫離苦厄因悲憫，

སྡུག་བསྔལ་རྒྱ་མཚོར་བྱིང་བ་ཡི།

都俄嘉措香哇伊，

沉入苦難大海中，

སེམས་ཅན་རྣམས་ལ་གཟིགས་སུ་གསོལ།

賽堅南拉詩蘇索，

有情眾照見所請，

བདག་གིས་བསོད་ནམས་ཅི་བསགས་པ།

達格索南吉薩巴，

因我一切福德集，

ཐམས་ཅད་བྱང་ཆུབ་རྒྱུར་གྱུར་ནས།

塔堅香琪吉幾爾內，

變成一切菩提因，

རིང་པོར་མི་ཐོགས་འགྲོ་བ་ཡི།

讓烏莫妥卓哇伊，

眾生永遠無掛礙，

འདྲེན་པའི་དཔལ་དུ་བདག་གྱུར་ཅིག།

詹比華都達吉爾幾！

唯願度我至吉祥！

度母七支

（十五）聖救度母贊

འཕགས་མ་སྒྲོལ་མ་ལ་བསྟོད་པ།

帕瑪卓瑪拉多巴

ཨོཾ

唵

རྗེ་བཙུན་མ་སྒྲོལ་མ་ལ་ཕྱག་འཚལ་ལོ།

吉贊瑪卓瑪拉夏叉洛，

頂禮至尊聖度母，

ཕྱག་འཚལ་སྒྲོལ་མ་མྱུར་མ་དཔལ་མོ།

夏叉卓瑪紐爾瑪華母，

頂禮速度吉祥母，

སྤྱན་ནི་སྐད་ཅིག་གློག་དང་འདྲ་མ།

堅尼迦吉洛當扎瑪，

剎那眼睛如閃電，

འཇིག་རྟེན་གསུམ་མགོན་ཆུ་སྐྱེས་ཞལ་གྱི།

吉旦松貢曲吉夏吉，

三世怙主蓮花顏，

གེ་སར་བྱེ་བ་ལས་ནི་བྱུང་མ།

格薩爾希哇列尼雄瑪，

花蕊俱胝生度母，

ཕྱག་འཚལ་སྟོན་ཀའི་ཟླ་བ་ཀུན་ཏུ།

夏叉冬嘎達哇更都。

秋天月㉜前遍頂禮。

གང་བ་བརྒྱ་ནི་བརྩེགས་པའི་ཞལ་མ།

剛哇嘉尼栽比夏瑪，

百日盈滿盛顏母，

སྐར་མ་སྟོང་ཕྲག་ཚོགས་པ་རྣམས་ཀྱིས།

嘎爾瑪冬察措巴南吉，

一千之眾諸星宿，

རབ་ཏུ་ཕྱེ་བའི་འོད་རབ་འབར་མ།

熱都希威敖熱巴爾瑪，

極為分明光照耀，

ཕྱག་འཚལ་སེར་སྔོ་ཆུ་ནས་སྐྱེས།

夏叉賽爾俄曲內吉。

黃青蓮花前頂禮。

པདྨས་ཕྱག་ནི་རྣམ་པར་བརྒྱན་མ།

貝瑪夏尼南巴爾堅瑪，

蓮手行相莊嚴母，

སྦྱིན་པ་བརྩོན་འགྲུས་དཀའ་ཐུབ་ཞི་བ།

興巴宗哲嘉妥希哇，

難得精進賜涅槃，

བཟོད་པ་བསམ་གཏན་སྤྱོད་ཡུལ་ཉིད་མ།

索巴桑旦覺隅尼瑪，

能忍等待傾行母，

ཕྱག་འཚལ་དེ་བཞིན་གཤེགས་པའི་གཙུག་ཏོར།

夏叉帝音歇比支多爾。

如來頂髻前頂禮。

མཐའ་ཡས་རྣམ་པར་རྒྱལ་བ་སྤྱོད་མ།

塔伊南巴爾嘉哇覺瑪，

無邊尊勝行度母，

མ་ལུས་ཕ་རོལ་ཕྱིན་པ་ཐོབ་པའི།

瑪列帕若興巴妥比。

無餘智慧到彼岸。

རྒྱལ་བའི་སྲས་ཀྱིས་ཤིན་ཏུ་བསྟེན་མ།

嘉威舍吉恒都旦瑪，

是諸徒眾憑依母，

ཕྱག་འཚལ་ཏུ་ཏྟཱ་ར་ཧཱུྃ་ཡི་གེ

夏叉都達日吽耶格。

頂禮都達日吽字。

འདོད་དང་ཕྱོགས་དང་ནམ་མཁའ་གང་མ།

多當肖當南喀岡瑪，

願望四方虛空母，

འཇིག་རྟེན་བདུན་པོ་ཞབས་ཀྱིས་མནན་ཏེ།

吉旦燈波夏吉南帝，

由七世間㉝而鎮壓，

ལུས་པ་མེད་པར་འགུགས་པ་ནུས་མ།

列巴美巴爾格巴努瑪，

色身斷滅召力母㉞，

ཕྱག་འཚལ་བརྒྱ་བྱིན་མེ་ལྷ་ཚངས་པ།

夏叉嘉興美拉倉巴。

頂禮帝釋火梵天。

རླུང་ལྷ་སྣ་ཚོགས་དབང་ཕྱུག་མཆོད་མ།

龍拉那措旺秀切瑪，

風神自在供養母，

འབྱུང་པོ་རོ་ལངས་དྲི་ཟ་རྣམས་དང་།

君波若朗智薩南當，

魑魅起屍㉟眾尋香，

གནོད་སྦྱིནཚོགས་ཀྱིས་བདུན་ནས་བསྟོད་མ།

努興措吉冬內多瑪，

藥叉眾前讚頌母，

ཕྱག་འཚལ་ཏད་ཅེས་བྱ་དང་ཕཊ་ཀྱིས།

夏叉扎扎吉夏當拍吉。

頂禮名曰扎扎拍。

ཕ་རོལ་འཕྲུལ་འཁོར་རབ་ཏུ་འཇོམས་མ།

帕若赤科爾熱都覺瑪，

彼岸幻輪鎮壓母，

གཡས་བསྐུམ་གཡོན་བརྐྱང་ཞབས་ཀྱིས་མནན་ཏེ།

伊格雲江夏吉南帝，

左蜷右伸足鎮壓，

མེ་འབར་འཁྲུགས་པ་ཤིན་ཏུ་འབར་མ།

美巴赤巴恒都巴爾瑪，

戰火紛飛光照母，

ཕྱག་འཚལ་ཏུ་རེ་འཇིགས་པ་ཆེན་པོས།

夏叉都日以吉巴欽波。

頂禮都日大怖畏。

བདུད་ཀྱི་དཔའ་བོ་རྣམ་པར་འཇོམས་མ།

都吉華烏南巴爾覺瑪，

摩羅英姿鎮壓母，

ཆུ་སྐྱེས་ཞལ་ནི་ཁྲོ་གཉེར་ལྡན་མཛད་པ།

曲吉夏尼楚尼爾旦乍，

蓮花臉上有怒容，

དགྲ་བོ་ཐམས་ཅད་མ་ལུས་གསོད་མ།

扎波塔堅瑪列索瑪，

敵眾無餘殲滅母，

ཕྱག་འཚལ་དཀོན་མཆོག་གསུམ་མཚོན་ཕྱག་རྒྱའི།

夏叉貢卻松璁夏嘉，

標幟手印禮三寶，

སོར་མོས་ཐུགས་ཀར་རྣམ་པར་བརྒྱན་མ།

索母陀迦南巴堅瑪，

手指在胸莊飾母，

མ་ལུས་ཕྱོགས་ཀྱི་འཁོར་ལོ་བརྒྱན་པའི།

瑪列肖吉科爾洛堅比，

方向無餘輪莊嚴，

རང་གི་འོད་ཀྱི་ཚོགས་རྣམས་འཁྲུག་མ།

讓格敖吉措南赤瑪，

自光諸眾戰鬥母，

ཕྱག་འཚལ་རབ་ཏུ་དགའ་བ་བརྗིད་པའི།

夏叉熱都迦哇吉比。

頂禮極喜金剛懾。

དབུ་རྒྱན་འོད་ཀྱི་ཕྲེང་བ་སྤེལ་མ།

烏堅敖吉昌哇威瑪，

頭飾光鬘增上母，

བཞད་པ་རབ་བཞད་ཏུ་ཏྟཱ་ར་ཡིས།

雅巴熱雅都達日伊，

因以狂笑都達日，

བདུད་དང་འཇིག་རྟེན་དབང་ཏུ་མཛད་མ།

都當吉旦旺都作瑪，

摩羅世間主宰母，

ཕྱག་འཚལ་ས་གཞི་སྐྱོང་བའི་ཚོགས་རྣམས།

夏叉薩伊君威措南。

頂禮護土諸聖眾。

ཐམས་ཅད་འགུགས་པར་ནུས་ཉིད་མ།

塔堅格哇爾努尼瑪，

一切召請力本母，

ཁྲོ་གཉེར་གཡོ་བའི་ཡི་གེ་ཧཱུྃ་གིས།

楚尼爾優威伊格吽格，

由動怒容之吽字，

ཕོངས་པ་ཐམས་ཅད་རྣམ་པར་སྒྲོལ་མ།

旁巴塔堅南巴爾卓瑪，

所有貧困救度母，

ཕྱག་འཚལ་ཟླ་བའི་དུམ་བུའི་དབུ་རྒྱན།

夏叉達哇門烏伍堅。

頂禮群月之頭飾。

བརྒྱན་པ་ཐམས་ཅད་ཤིན་ཏུ་འབར་མ།

堅巴塔堅恒都巴爾哇，

皆悉莊嚴熾燃母，

རལ་པའི་ཁྲོད་ནས་འོད་དཔག་མེད་ལས།

惹威楚內敖華美列，

披髮㊱中間無量光，

རྟག་པར་ཤིན་ཏུ་འོད་རབ་མཛད་མ།

達巴爾恒都敖熱乍瑪，

尋常不斷智光母，

ཕྱག་འཚལ་བསྐལ་པ་ཐ་མ་མེ་ལྟར།

夏叉迦巴塔瑪美達爾。

頂禮如火之末劫。

འབར་བའི་ཕྲེང་བའི་དབུས་ན་གནས་མ།

巴爾威昌哇烏那內瑪，

光鬘中間之室宿，

གཡས་བརྐྱང་གཡོན་བསྐུམ་ཀུན་ནས་བསྐོར་དགའི།

伊江雲格更內果爾嘎，

左蜷右伸樂環繞，

དགྲ་ཡི་དཔུང་ནི་རྣམ་པར་འཇོམས་མ།

扎伊宏尼南巴爾覺瑪，

一切敵眾摧壞母，

ཕྱག་འཚལ་ས་གཞིའི་ངོས་ལ་ཕྱག་གི།

夏叉薩伊俄拉夏格。

頂禮大地之表面。

མཐིལ་གྱིས་བསྣུན་ཅིང་ཞབས་ཀྱིས་བརྡུང་མ།

特吉弄江夏吉冬瑪，

以足掌踢足擊母，

ཁྲོ་གཉེར་ཅན་མཛད་ཡི་གེ་ཧཱུྃ་གིས།

楚尼堅乍伊格吽格，

修忿怒相以吽字，

རིམ་པ་བདུན་པོ་རྣམས་ནི་འགེམས་མ།

仁巴冬波南尼格瑪，

諸七次第摧毀母，

ཕྱག་འཚལ་བདེ་མ་དགེ་མ་ཞི་མ།

夏叉帝瑪格瑪希瑪。

頂禮樂善聖度母。

མྱ་ངན་འདས་ཞི་སྤྱོད་ཡུལ་ཉིད་མ།

娘俄帝希覺隅尼瑪，

離苦寂行自性母，

སྭཱ་ཧཱ་ཨོཾ་དང་ཡང་དག་ལྡན་ལས།

娑哈唵當央達旦列，

與娑哈唵俱真實，

སྡིག་པ་ཆེན་པོ་འཇོམས་པ་ཉིད་མ།

帝巴欽波覺巴尼瑪，

重罪摧毀自性母，

ཕྱག་འཚལ་ཀུན་ནས་བསྐོར་རབ་དགའ་བའི།

夏叉更內果爾熱迦哇。

一切頂禮繞極樂。

དགྲ་ཡི་ལུས་ནི་རབ་ཏུ་འགེམས་མ།

扎伊列尼熱都格瑪，

仇敵身心擊毀母，

ཡི་གེ་བཅུ་པའི་ངག་ནི་བཀོད་པའི།

耶格吉比呃尼果比，

十種子字語莊嚴，

རིག་པ་ཧཱུྃ་ལས་སྒྲོལ་མ་ཉིད་མ།

仁巴吽列卓瑪尼瑪，

明吽事業救度母，

ཕྱག་འཚལ་ཏུ་རེའི་ཞབས་ནི་བརྡབས་པས།

夏叉都日夏尼達比。

頂禮都日足著地。

ཧཱུྃ་གི་རྣམ་པའི་ས་བོན་ཉིད་མ།

吽格南比薩文尼瑪，

吽字種子自性母，

རི་རབ་མནྡར་དང་འབིགས་བྱེད།

惹日阿曼扎當白希，

須彌曼扎賓陀山，

འཇིག་རྟེན་གསུམ་རྣམས་གཡོ་བ་ཉིད་མ།

吉旦松南由哇尼瑪，

諸三世間自動母，

ཕྱག་འཚལ་ལྷ་ཡི་མཚོ་ཡི་རྣམ་པའི།

夏叉拉伊措伊南比。

頂禮天生之行相。

རི་དྭགས་རྟགས་ཅན་ཕྱག་ན་བསྣམས་མ།

惹達打堅夏那南瑪，

獸形手中所持母，

ཏཱ་ར་གཉིས་བརྗོད་ཕཊ་ཀྱི་ཡི་གེས།

達日尼覺拍吉耶格，

言說達日拍字種，

དུག་རྣམས་མ་ལུས་པར་ནི་སེལ་མ།

都南瑪列巴爾尼賽瑪，

諸毒無餘消除母，

ཕྱག་འཚལ་ལྷ་ཡི་ཚོགས་རྣམས་རྒྱལ་པོ།

夏叉拉伊措南嘉烏。

頂禮諸天聖眾王。

ལྷ་དང་མིའམ་ཅི་ཡིས་བསྟེན་མ།

拉當莫阿木吉伊旦瑪，

一切人天所依母，

ཀུན་ནས་གོ་ཆ་དགའ་བ་བརྗིད་ཀྱིས།

更內果恰迦哇吉傑，

盡悉披甲樂威懾，

རྩོད་དང་རྨི་ལམ་ངན་པ་སེལ་མ།

佐當莫拉木俄巴賽瑪，

消除諍鬥惡夢母，

ཕྱག་འཚལ་ཉི་མ་ཟླ་བ་རྒྱས་པའི།

夏叉尼瑪達瑪姬比。

日月全滿盈頂禮。

སྤྱན་གཉིས་པོ་ལ་འོད་རབ་གསལ་མ།

堅尼波拉敖熱薩瑪，

雙目之中光明母，

ཧ་ར་གཉིས་བརྗོད་ཏུ་ཏྟ་ར་ཡིས།

哈日尼覺都達日伊，

二哈日以都達日，

ཤིན་ཏུ་དྲག་པོའི་རིམས་ནད་སེལ་མ།

恒都扎波仁那賽瑪，

消除兇猛瘟疫母，

ཕྱག་འཚལ་དེ་ཉིད་གསུམ་རྣམས་བཀོད་པས།

夏叉帝尼松南果比。

此諸莊嚴三頂禮。

ཞི་བའི་མཐུ་དང་ཡང་དག་ལྡན་མ།

希威陀當央達旦瑪，

真實息災咒力母，

གདོན་དང་རོ་ལངས་གནོད་སྦྱིན་ཚོགས་རྣམས།

冬當若龍努興措南，

惡鬼死屍眾藥叉，

འཇོམས་པ་ཏུ་རེ་རབ་མཆོག་ཉིད་མ།

覺巴都日熱切尼瑪，

摧毀都日勝性母，

རྩ་བའི་སྔགས་ཀྱི་བསྟོད་པ་འདི་དང་།

作威俄吉多巴德當，

根本密咒這讚頌，

ཕྱག་འཚལ་བ་ནི་ཉི་ཤུ་རྩ་གཅིག།

夏叉哇尼尼希作吉。

頂禮二十一度母。

（十六）度母功德

སྒྲོལ་མ་ཕན་ཡོན།

卓瑪盤雲

ལྷ་མོ་ལ་གུས་ཡང་དག་ལྡན་པའི།

拉母拉格央達旦比，

恭敬清淨俱佛母，

བློ་ལྡན་གང་གིས་རབ་དང་བརྗོད་དེ།

洛旦岡格熱當覺帝，

所有智慧極言說，

སྲོད་དང་ཐོ་རངས་ལངས་པར་བྱས་པས།

殊當妥仁朗巴希比，

朝暮勤起修敬事，

དྲན་པའི་མི་འཇིགས་ཐམས་ཅད་རབ་ར།

詹比莫吉塔堅熱日阿，

念傳無畏一切賜，

སྡིག་པ་ཐམས་ཅད་རབ་ཏུ་ཞི་བྱེད།

帝巴塔堅熱都希洗，

一切罪障皆能滅，

ངན་འགྲོ་ཐམས་ཅད་འཇོམས་པ་ཉིད་དོ།

俄卓塔堅覺巴尼多，

一切惡眾悉摧壞，

རྒྱལ་བ་བྱེ་བ་ཕྲག་བདུན་རྣམས་ཀྱིས།

嘉哇希哇擦冬南吉，

憑以諸佛七俱胝，

མྱུར་དུ་དབང་ནི་བསྐུར་བར་འགྱུར་ལ།

紐都旺尼格哇吉拉，

速成攝受大灌頂，

འདི་ལས་ཆེ་བ་ཉིད་ནི་ཐོབ་ཅིང་།

德列切哇寧尼妥江，

從此唯有得大證，

སངས་རྒྱས་གོ་འཕང་མཐར་ཕྱུག་དེར་འགྲོ།

桑傑果旁塔爾陀帝卓。

佛果究竟於此行。

དེ་ཡི་དུག་ནི་དྲག་པོ་ཆེན་པོ།

帝伊德尼扎波欽布，

今世猛利忿怒王，

བསྟེན་གནས་པའམ་གཞན་ཡང་འགྲོ་བ།

旦內巴阿燕央卓哇，

復次行於皈依處，

ཟས་བ་དང་ནི་འཐུངས་པ་ཉིད་ཀྱང་།

塞巴當尼彤巴尼江，

即是食物及飲品，

དྲན་པས་རབ་ཏུ་སེལ་བ་ཉིད་ཐོབ།

詹比熱都賽哇尼妥。

隨念挑選亦獲得。

གདོན་དང་རིམས་དང་དུག་གིས་གཟིར་བའི།

冬當惹當都格詩爾威，

邪魔瘟毒所折磨，

སྡུག་བསྔལ་ཚོགས་ནི་རྣམ་པར་སྤངས་ཏེ།

都俄措尼南巴榜帝，

種之苦厄能滅除，

སེམས་ཅན་གཞན་པ་རྣམས་ལ་ཡང་ངོ་།

賽堅燕巴南拉央俄，

復次彼諸眾有情，

གཉིས་གསུམ་བདུན་དུ་མངོན་པར་བརྗོད་ན།

尼松登都俄巴爾覺那，

三言兩語而言說，

བུ་འདོད་པས་ནི་བུ་ཐོབ་འགྱུར་ཞིང་།

烏多比尼烏妥吉香，

如若求子便得子，

ནོར་འདོད་པས་ནི་ནོར་རྣམས་ཉིད་ཐོབ།

努哆比尼努南尼妥，

如願求財則得財，

འདོད་པ་ཐམས་ཅད་ཐོབ་པར་འགྱུར་ལ།

多巴塔堅妥巴吉拉。

若求一切亦可得。

བགེགས་རྣམས་མེད་ཅིང་སོ་སོར་འཇོམས་འགྱུར་ཅིག།

格南美江索索覺吉幾。

諸障滅除各摧壞。

度母功德贊

（十七）祈請度母

སྒྲོལ་མ་འདོད་གསོལ།

卓瑪哆索

རྗེ་བཙུན་བཅོམ་ལྡན་འདས་མ་ཐུགས་རྗེ་ཅན།

吉贊覺旦德瑪陀吉堅，

佛母出有壞悲憫，

བདག་དང་མཐའ་ཡས་སེམས་ཅན་ཐམས་ཅད་ཀྱི།

達當塔伊賽堅塔堅吉，

我與無邊普有情，

སྒྲིབ་གཉིས་བྱང་ཞིང་ཚོགས་གཉིས་མྱུར་རྫོགས་ནས།

智尼香向措尼紐爾佐內，

二障斷二資糧圓，

རྫོགས་པའི་སངས་རྒྱས་ཐོབ་པར་མཛད་དུ་གསོལ།

佐比桑傑妥巴爾作都索。

祈降圓滿證果位。

དེ་མ་ཐོབ་ཀྱི་ཚེ་རབས་ཀུན་ཏུ་ཡང་།

帝瑪妥吉次熱更都央，

隨即證得之一生，

ལྷ་དང་མི་ཡི་བདེ་བ་མཆོག་ཐོབ་ནས།

拉當莫伊帝哇切妥內，

證得人天殊勝樂，

ཐམས་ཅད་མཁྱེན་པར་སྒྲུབ་པར་བྱེད་པ་ལ།

塔堅欽巴爾智巴希巴拉，

修得一切智悉地，

བར་ཆད་གདོན་བགེགས་རིམས་དང་ནད་ལ་སོགས།

哇爾恰冬格惹當那拉索，

盡除魔障瘟疫等，

དུས་མིན་འཆི་བར་གྱུར་པ་སྣ་ཚོགས་དང་།

德萌琪哇吉巴那措當，

扭轉種種非時死，

རྨི་ལམ་ངན་དང་མཚན་མ་ངན་པ་དང་།

米拉木俄當參瑪俄巴當，

惡夢境和凶徵兆，

འཇིགས་པ་བརྒྱད་སོགས་ཉེ་བར་འཚེ་བ་རྣམས།

吉巴嘉索尼哇爾次哇南，

八怖畏等諸災難，

མྱུར་དུ་ཞི་ཞིང་མེད་པར་མཛད་དུ་གསོལ།

紐都希香美巴乍都索，

祈障疾速而熄滅，

འཇིག་རྟེན་འཇིག་རྟེན་ལས་ནི་འདས་པ་ཡི།

吉旦吉旦列尼德巴伊，

從世間中而脫離，

བཀྲ་ཤིས་བདེ་ལེགས་ཕུན་སུམ་ཚོགས་པ་རྣམས།

扎西德勒彭松措巴南，

吉祥如意諸圓滿，

འཕེལ་ཞིང་རྒྱས་པའི་དོན་རྣམས་མ་ལུས་པ།

帕香吉比冬南瑪列巴，

諸事昌盛盡無餘，

འབད་མེད་ལྷུན་གྱིས་གྲུབ་པར་མཛད་དུ་གསོལ།

巴美林吉智巴乍都索，

祈請任運成悉地，

བསྒྲུབ་ལ་བརྩོན་ཞིང་དམ་ཆོས་འཕེལ་བ་དང་།

智拉宗香達切帕哇當，

精進修行聖妙法，

རྟག་ཏུ་ཁྱེད་སྒྲུབ་ཞལ་མཆོག་མཐོང་བ་དང་།

達都切智夏卻同哇當，

你常修持見聖容，

སྟོང་ཉིད་དོན་རྟོགས་བྱང་སེམས་རིན་པོ་ཆེ།

冬尼冬多香賽仁波切，

證空性義菩提寶，

ཡར་ངོའི་ཟླ་ལྟར་འཕེལ་ཞིང་རྒྱས་བར་མཛོད།

雅俄達打帕香吉巴佐，

猶如上弦月滿盈，

རྒྱལ་བའི་དཀྱིལ་འཁོར་བཟང་ཞིང་དགའ་བ་དེར།

嘉威吉科桑香迦哇帝，

在此妙樂佛壇城，

པདྨ་དམ་པ་ཤིན་ཏུ་མཛེས་ལས་སྐྱེས།

貝瑪麻波達巴恒都次列吉，

端妙紅蓮盛華美，

སྣང་བ་མཐའ་ཡས་རྒྱལ་བས་མངོན་སུམ་དུ།

囊哇塔伊嘉威俄松都，

阿彌陀佛親示現，

ལུང་བསྟན་པ་ཡང་བདག་གིས་དེར་ཐོབ་ཤོག

龍旦巴央達格帝爾妥肖。

唯願授記我證得。

བདག་གིས་ཚེ་རབས་སྔོན་བསྒྲུབས་པའི་ལྷ།

達格次熱俄智比拉，

我從前生修佛道，

དུས་གསུམ་སངས་རྒྱས་ཀུན་གྱི་ཕྲིན་ལས་མ།

德松桑傑更吉赤列瑪，

普三世佛事業母，

སྔོ་ལྗང་ཞལ་གཅིག་ཕྱག་གཉིས་མྱུར་ཞི་དཔའ།

俄江夏吉夏尼紐希華，

綠顏二臂速靜猛，

ཡུམ་གྱུར་ཨུཏྤལ་བསྣམས་པའི་བཀྲ་ཤིས་ཤོག།

優吉爾烏巴那比扎西肖。

執蓮佛母願吉祥。

སྐུ་ཡི་སྐྱོན་སྤངས་མཚན་དང་དཔེ་བྱད་ལྡན།

格伊君榜參當會夏旦，

身之棄惡具相好，

གསུང་གི་སྐྱོན་སྤངས་ཀ་ལ་པིང་ཀའི་དབྱངས།

格松君榜迦拉奔迦央，

語之棄惡音和雅，

ཐུགས་ཀྱི་སྐྱོན་སྤངས་ཤེས་བྱ་མཐའ་དག་མཁྱེན།

陀吉君榜希夏塔達欽，

意之棄惡一切智，

བཀྲ་ཤིས་དཔལ་འབར་མ་ཡི་བཀྲ་ཤིས་ཤོག།

扎西華巴爾瑪伊黎扎西肖。

唯願光照母吉祥。

རྒྱལ་ཡུམ་སྒྲོལ་མ་ཁྱེད་སྐུ་ཅི་འདྲ་དང་།

嘉優卓瑪切格吉扎當，

猶如聖救度母身，

འཁོར་དང་སྐུ་ཚེའི་ཚད་དང་ཞིང་ཁམས་དང་།

科爾當格次叉當香康當，

輪及壽元與剎土，

ཁྱེད་ཀྱི་མཚན་མཆོག་བཟང་པོ་ཅི་འདྲ་བ།

切吉參卻桑布吉扎哇，

盡如您的妙端相，

དེ་འདྲ་ཁྱོ་ནར་བདག་སོགས་འགྱུར་བར་ཤོག།

帝扎科那爾達索吉哇肖。

唯願如是化我等。

ཁྱོད་ལ་བསྟོད་ཅིང་གསོལ་བ་བཏབ་པའི་མཐུས།

切拉多江索哇達比陀，

贊您祈臨咒威力，

བདག་སོགས་གང་ན་གནས་པའི་ས་ཕྱོགས་སུ།

達索岡那內比薩肖蘇，

我等圓滿依之處，

གནད་གདོན་དབུལ་ཕོངས་འཐབ་རྩོད་ཞི་བ་དང་།

那冬烏榜塔佐希哇當，

淨除病魔貧諍鬥，

ཆོས་དང་བཀྲ་ཤིས་འཕེལ་བར་མཛད་དུ་གསོལ།།

切當扎西帕哇爾作都索。

祈賜法吉祥增長。

祈請度母

（十八）白傘蓋佛母迴遮法

གདུགས་དཀར་བཟློག་པ།

都迦爾多巴

བཅོམ་ལྡན་གདུགས་དཀར་ལྷ་རྣམས་ཀྱི།

覺旦都迦爾拉南吉,

有壞白傘蓋聖眾,

མཐུ་སྟོབས་ཐོགས་པ་མི་མངའ་ཞིང་།

陀多妥巴莫俄香,

執持咒力無障礙,

ཐུགས་རྗེ་སྨོན་ལམ་མཐུ་ཙམ་པས།

陀吉萌拉木陀贊比,

悲憫祈道猛咒力,

བདག་གིས་ཇི་ལྟར་གསོལ་བ་བཞིན།

達格吉達爾索哇音,

由我如是作祈請,

སངས་རྒྱས་བསྟན་པ་དར་བ་དང་།

桑傑旦巴達爾哇當,

佛法興隆而昌盛,

སེམས་ཅན་བདེ་དང་ལྡན་པར་མཛོད།

賽堅帝當旦巴爾佐，

有情眾生安樂俱，

རྒྱུ་སྦྱོར་ཡོན་བདག་འཁོར་བཅས་ཀྱི།

吉覺爾雲達科吉幾，

施主檀越眾眷屬，

ཆག་ཆེ་ཉམས་ང་བཟློག་ཏུ་གསོལ།

恰切娘俄多都索，

祈請迴遮除憂苦，

རྨི་ལམ་མཚན་མ་ངན་པ་བཟློག།

米拉木參瑪俄巴多，

迴遮夢境中凶兆，

རྟགས་དང་རྟེན་འབྲེལ་ངན་པ་བཟློག།

達當旦遮俄巴多，

迴遮凶兆惡緣起，

དགྲ་འདྲེ་བསམ་སྦྱོར་ངན་པ་བཟློག།

扎遮桑覺爾俄巴多，

迴遮怨鬼惡意行，

ལྟས་ངན་བརྒྱད་ཅུ་རྩ་བཞི་བཟློག།

帝俄嘉吉作伊多，

迴遮八十四凶兆，

ཡི་འགྲོགས་སུམ་བརྒྱ་དྲུག་ཅུ་བཟློག།

伊卓松嘉智吉多，

三百六十四陰鬼，

ནད་རིགས་བཞི་བརྒྱ་རྩ་བཞི་བཟློག།

那仁伊嘉作伊多，

四百零四種疾病，

བགེགས་རིགས་སྟོང་ཕྲག་བརྒྱད་ཅུ་བཟློག།

迦仁冬擦嘉吉多，

一千零八十種障，

དུས་མིན་འཆི་བ་རྣམ་བརྒྱད་བཟློག།

德萌琪哇南嘉多，

迴遮八種非時死，

ཡས་ཀྱི་བདུད་དུ་གཡོས་པ་བཟློག།

伊吉都鬥伊巴多，

上方之魔右方遮，

མས་ཀྱི་སྲི་རུ་ལངས་པ་ཟློག།

米吉詩若朗巴多，

下方之魔起而遮，

དཔྲལ་བའི་གཤེད་དུ་བསྐོས་བ་ཟློག།

扎威希都格巴多，

額上之鬼註定遮，

ཕ་མེས་དུར་སྲི་ལངས་པ་ཟློག།

帕美都爾詩朗巴多，

迴遮先祖屍鬼起，

མི་ལ་ནད་དུ་གཏོར་བ་ཟློག།

莫拉那都多爾哇多，

拋捨迴遮人疾病，

ཕྱུགས་ལ་གོད་ཁ་བྱེད་པ་ཟློག།

希拉果卡希巴多，

迴遮牲畜之死亡，

གནམ་གྱི་དལ་ཁ་ཐེབས་པ་ཟློག།

那吉達卡特巴多，

迴遮天災疫癘到，

ས་ཡི་དུག་མདའ་གཡོས་པ་ཟློག།

薩伊都達伊巴多，

地上毒箭從右遮，

སྨེ་བ་སྤར་ཁ་ངན་པ་བཟློག།

米哇巴爾卡俄巴多，

迴遮八卦中凶爻，

སྐེག་དང་ཕུང་སྲི་ལངས་པ་བཟློག།

格當彭詩朗巴多，

迴遮荒年破魔㊲起，

（如是拍打塵染）。

最後：

བདེགས་གཤེགས་ཐུགས་རྗེ་གཙུག་ཏོར་ལས་འཁྲུངས་ཤིང་།

達歇陀吉次哆列沖香，

善逝悲憫頂髻生，

བདེ་འབྱུང་རྟེན་ལ་གནོད་བྱེད་ཚར་བཅད་ནས།

帝君旦拉努希叉爾嘉內，

所依樂生除災難，

བདེ་ལེགས་འབྲས་བུ་ཉེ་བར་སྩོལ་མཛད་པའི།

帝拉遮烏尼哇爾佐作比，

修持能賜祥瑞果，

བདེ་མཆོག་གདུགས་དཀར་ཅན་གྱི་བཀྲ་ཤིས་ཤོག།

帝卻都迦爾堅吉扎西肖！

勝樂白傘蓋吉祥！

（十九）獅面佛母日常除垢法

སེང་གདོང་མའི་ཐལ་རྡེབ་རྒྱུན་ཁྱེར།

桑冬瑪塔達金切爾

སྐད་ཅིག་རང་ཉིད་མཁའ་འགྲོ་མ།

迦吉仁尼卡卓瑪，

剎那自性空行母，

སེང་གེ་གདོང་ཅན་སྐུར་གསལ་བའི།

桑蓋冬堅格薩威，

示現獅面佛母身，

ཐུགས་ཀའི་སྔགས་ཀྱི་འཕྲོ་འདུ་ཡིས།

陀迦俄吉處都伊，

由胸口密咒收放，

གནོད་བྱེད་མ་ལུས་ཚར་བཅད་གྱུར།

努希瑪列叉爾嘉吉爾，

唯願災難無餘除，

阿噶薩瑪熱乍夏達熱薩瑪熱雅拍。

（如是盡力念誦至終）

ན་མོ

南無！

頂禮！

རྩ་བརྒྱུད་བླ་མ་ཡི་དམ་ལྷ།

作吉喇嘛伊達拉，

根本傳承師本尊，

མཁའ་འགྲོ་བདུད་འདུལ་དྲག་མོ་ཡི།

卡卓都鬥扎母伊，

空行伏魔猛厲母，

བདེན་པ་ཆེན་པོའི་བྱིན་རླབས་ཀྱིས།

登巴欽波興拉吉，

賜與真實大加持，

བྱད་ཁ་ཕུར་ཁ་རྦོད་གཏོང་སོགས།

夏卡普卡烏冬索，

毒咒禍殃放咒等，

མི་མཐུན་ཆག་ཆེ་ཉམ་ང་ཀུན།

莫彤恰切娘俄更，

一切逆違與災難，

སྡང་བར་བྱེད་པའི་དགྲ་ལ་སྒྲོ།

當哇爾歇比扎拉種，

所行瞋恚怨中種㊳，

གནོད་པར་བྱེད་པའི་བགེགས་ལ་སྒྲོ།

努巴爾希比迦拉種，

所行災害障中種，

བདུད་དགྲ་བྱད་མའི་སྟེང་དུ་སྒྲོ།

都扎夏瑪當都種，

惡魔鬼魅上中種，

རྗེས་ཤུལ་མེད་པར་ཟློག་གྱུར་ཅིག།

吉喜美巴冬吉幾。

唯願無餘作迴遮。

迴向

ཁྲོ་མོ་རིགས་སྔགས་ནུས་པའི་མཐུས།

楚母仁俄努比陀，

忿怒母之明咒力，

བྱང་ཆུབ་སྒྲུབ་པའི་བར་ཆད་བདུད།

香琪智比哇爾恰都，

修菩提除道障魔，

གནོད་བྱེད་མ་ལུས་ཚར་བཅད་ནས།

努希瑪列叉嘉內，

災難無餘作滅除，

བསམ་དོན་ཡིད་བཞིན་འགྲུབ་པར་མཛོད།

桑冬伊音智巴爾佐，

唯願如意證悉地。

以上迴向，應經常持誦。是由離怖畏金剛所記，乍燕都。

ཧཱུྃ

種

སྔོན་ཚེ་དཔག་བསམ་བྱང་ཆུབ་ཤིང་གི་དྲུང་།

俄次華桑香琪香格仲，

前世如意菩提樹跟前，

རྒྱལ་བ་ཐུབ་པ་ཆེན་པོའི་སྤྱན་སྔ་རུ།

嘉哇陀巴欽波堅俄若，

在如來大能仁之尊前，

བསྟན་པ་གཉན་པོ་བསྲུང་བར་དམ་བཅས་པའི།

旦巴寧波松哇爾達吉比，

嚴厲護持佛教發誓願，

ཁྲག་འཐུང་དུད་སོལ་སྐུ་ལ་ཕྱག་འཚལ་བསྟོད།

檫彤都索格拉夏叉冬，

飲血金剛前垂首禮贊，

དེ་ལྟར་མ་མོ་འཁོར་བཅས་ཀྱིས།

帝達爾瑪母科爾吉幾，

憑以如是天母諸眷屬，

ཐུགས་དམ་བསྐང་བའི་བྱིན་རླབས་ཀྱིས།

陀達岡威興拉吉，

酬謝神靈還願垂加護，

རིག་འཛིན་རྣལ་འབྱོར་བདག་ཅག་ལ།

仁增那覺爾達嘉拉，

持明瑜伽我等諸眾中，

མཁའ་འགྲོའི་ཉམས་ཆག་བྱང་བ་སྐོངས།

卡卓娘恰香哇貢，

空行滿願除頹敗疲弊，

འཇིག་རྟེན་མཁའ་འགྲོའི་གནོད་པ་ཟློག།

吉旦卡卓努巴多，

淨除世間空行之禍害，

མ་མོ་ཡམས་ནད་བྱུང་བ་ཟློག།

瑪母雅那雄哇多，

淨除本母瘟疫蔓延起，

གཤིན་རྗེའི་ཁྲམ་ལ་བཏབ་པ་ཟློག།

興吉擦拉達巴多，

淨除閻羅雜行之欺詐，

བདུད་ཀྱི་ཞགས་པ་ནག་པོ་ཆོད།

都吉夏巴那波卻，

魔鬼的黑羈索而絕斷，

བཙྙེའི་བྱད་ཁ་སླར་ལ་བསྒྱུར།

婉達夏卡拉爾拉吉爾，

僧人毒咒殃禍復扭轉，

སྡེ་བརྒྱད་གནོད་པ་ཐམས་ཅད་བཟློག།

帝嘉努巴塔堅多，

淨除八部盡所有災難，

གཞན་གྱི་ཐད་འདྲེའི་ཕུར་ཁ་བཟློག།

燕吉哇遮普爾卡多，

淨除其他一切魔咒殃，

རྨི་ལྟས་མཚན་མ་ངན་པ་བསྒྱུར།

米帝參瑪俄巴吉爾，

夢境凶兆皆悉得轉化，

ལོ་སྐེག་ཟླ་སྐེག་ཞག་སྐེག་བསྒྱུར།

洛格達格夏格吉爾。

荒年歲月凶日皆轉化。

སྡང་བའི་དགྲ་དང་གནོད་པའི་བགེགས།

當威扎當努比格，

瞋恚怨敵及災禍障礙，

བདུད་དང་བར་དུ་གཅོད་པའི་ཚོགས།

都當哇爾都覺比措，

魔及災難之如是等等，

ཐམས་ཅད་ཐལ་བའི་རྡུལ་དུ་རློག

塔堅塔威都鬥洛。

清除一切微塵之玷染。

བདག་ཅག་རྣལ་འབྱོར་འཁོར་བཅས་ཀྱི།

達嘉那覺爾科爾吉幾，

瑜伽眷屬與俱之我等，

དམ་ཚིག་ཉམས་པ་སྐོང་གྱུར་ཅིག།

達次娘巴貢吉爾幾，

唯願扭轉誓言的壞失，

མཆོག་དང་ཐུན་མོང་ལ་སོགས་པའི།

都當彤萌拉索比，

淨妙殊勝與共中增長，

དངོས་གྲུབ་མ་ལུས་རྩོལ་དུ་གསོལ།

俄智瑪列乍都索，

祈請賜與悉地之無餘，

ཚེ་དང་དབང་ཕྱུག་སྤེལ་དུ་གསོལ།

次當旺秀帕都索，

祈請壽命自在而祥慶，

དཔལ་དང་གྲགས་པ་བསྒྲུབ་ཏུ་གསོལ།

華當扎巴智都索，

祈請吉祥如意遍成就，

འཁོར་དང་བསྟན་པ་བསྲུང་དུ་གསོལ།

科爾當旦巴松都索，

祈請護持佛教轉法輪，

ལེགས་དང་སྡིག་ལ་ཉེས་དང་བསྡོལ།

拉當茁拉尼當努，

適值善業罪過之會合，

བསམ་པ་སྒྲུབས་ལ་རེ་བ་སྐོངས།

桑巴智拉惹哇貢，

唯願滿願證得聖悉地，

མཐུ་སྟོབས་སྐྱེད་ལ་དཔུང་གཉེན་མཛོད།

陀多吉拉宏寧佐，

咒力生起而為依託處，

ལུས་དང་གྲིབ་མ་བཞིན་དུ་འགྲོགས།

列當智瑪音都卓，

猶如色身與影而相隨，

ཉིན་དང་མཚན་མོ་བྱ་ར་མཛོད།

寧當參母夏熱佐，

白晝黑夜而為之守護，

གཞན་ཡང་ཡིད་ལ་གང་འདོད་པའི།

燕央伊拉岡多比，

復次心中盡一切願望，

དེ་ནི་ཁྱེད་ཀྱི་སྒྲུབ་པར་མཛོད།

帝尼卻吉智巴爾佐。

此是你的成就之行持。

（廿）十三輪轉經

ཙཀྲ་བཅུ་གསུམ་པའི་མདོ།

乍扎吉松比哆

頂禮世尊．如來．應供．正偏知．一切諸佛．釋迦牟尼佛！

達雅塔，唵牟尼牟尼，摩訶牟尼耶娑訶。

祈請我與眷屬，秘密皈依而垂加持！祈請所有積集之惡業解脫。

嘟日嘟日乍扎，乍雅乍雅乍扎，哈納哈納乍扎，麻熱雅麻熱雅乍扎，敢嘟瑪勒阿南乍扎，乍拉乍拉乍扎，吽吽拍拍乍扎，薩爾哇夏格尼阿巴日納乍扎，巴拉雅巴拉雅乍扎，納迦夏雅納迦夏雅乍扎，吽吽拍拍乍扎，巴瑪巴瑪乍扎，薩曼達迦日乍智帝迦納乍扎。

唯願盡除禍害殃及我眷、行法，盡除無量善品的魔障人非人等是諸方面。

首先調伏：淨除一切違逆之緣，淨除一切潰散、護持、病魔、死鬼、災鬼、馬鬼、恐怖鬼、荒災鬼、凶月鬼、凶日鬼、流言誹語鬼、凶煞，復次盡一切凶煞鬼域，唯願隨時隨地，而作護持。唯願盡一切淨除、息滅。

我等眷屬之中，瘟疫、魔障、密咒朵瑪[39]、蠱鬼[40]、遽發症[41]、遣障、凶向、禍害、病鬼、死鬼、屍標鬼、年志鬼、年少鬼、夭亡鬼、殃歲鬼、凶月鬼、凶日鬼、女鬼、年災月難 、七沖 、七緣、三百六十魔，一萬一千緣日，八十一違逆凶兆，盡一切災難，兇猛惡毒，如是而為言說，功德不可思議，盡一切障難，皆得解脫，出有壞。世尊示現教言而作贊曰：

世尊教言如是賜，
長壽喜慶常如意，
世尊教言若讚頌，
一千八十障礙除，
不同災難違緣離，
隨順成就而圓滿，
唯願今吉祥如意。
復次如若業生出，
各處違逆盡息除，
長壽無疾證圓滿，
唯願證得永久樂。

十三輪轉經

（廿一）加持住處資具儀軌

གནས་ཁང་ཡོ་བྱད་བྱིན་བརླབས།

內康由夏興拉

加持住處供養諸具，咒曰：

唵桑巴熱桑巴熱，畏瑪納薩熱瑪哈乍麻巴吽。

（念誦三遍）

厄雅熱蘇格熱智吽，智畏夏畏悉帝貝達嘉納厄雅乍扎曼扎拉智。

觀想：從種子字智（ཛྲཱི）盡所有各處化為智慧相成就的大越量宮，其宮正方形牌坊，盡一切性相之內，從智（ཛྲཱི）種子字喇嘛金剛上師成就的諸寬廣器內，從唵（ཨོཾ）字融入而生天衣及其飾品用具，所成供品，幻化不可思議，虛空之中，盡所有境相遍復，猶如時輪，住於不空。猶如成為法身普賢王如來幻化而生密嚴剎土智慧相供雲，無盡智遍複【復】。

唵 阿 吽，唵 薩爾哇達塔嘎達，格惹帝瓦扎格尼，波達菩提薩埵，薩巴惹瓦熱，貝雜爾薩瑪雅乍，貝雜爾阿迦木，巴達雅，

波白，嘟白，阿洛格，斡達，尼達帝，夏達阿吽。

南無熱納扎雅耶，南無巴噶哇帝，貝雜爾薩熱，扎瑪爾達那耶，達塔噶達耶，阿爾哈帝，薩木雅迦薩木布達耶。達雅塔，唵貝雜爾貝雜爾，摩訶貝雜爾，摩訶帝雜貝雜爾，摩訶波達貝雜爾，摩訶菩提支達貝雜爾，摩訶菩提瑪努扎烏巴薩木扎曼貝雜爾，薩爾瓦噶爾瑪，阿瓦熱納烏夏巴那貝雜爾耶娑哈。

唯持誦此咒，無量供養十方一切諸佛而作開示，淨財圓滿，心化普賢無上供雲，以內外密供大海而作供養，供養三世諸佛，唯願得大歡喜。

加持住處資具儀軌

（廿二）酥油燈祈願

མར་མེ་སྨོན་ལམ།

瑪爾門拉木

掛起諸一酥油燈而作咒言:

唵索巴瓦悉哆薩爾哇，達爾麻，索巴哇悉哆杭。

誦此淨業觀空咒後，從此空性智（ཧཱུྃ）種子字，贍部河金[42]，是諸

無名利刃光鋒無觸犯，

妙淨大善知識具恩德，

兄弟姐妹而相依為命供佛廣大油燈之內，唵阿吽三金剛字光明融入殊勝方便大樂酥油汁內，智慧空行火焰，搖晃熾燃，樂空不二智慧酥油燈轉動的業染淨盡。由一切佛智之供，化為生起意樂之力，直至時輪永遠不空，十方佛子眷屬無餘剎土，智慧燈遍觀，贊曰:

唵 阿 吽

屍林殊勝密咒壇城中，

進入最清淨之菩提道，

不墮落入輪迴大漂泊，

不出生於貪瞋深谷處，

不墮邪見地獄懸險地，

不聞怨恨猛獸惡毒語，

第三灌頂三明妃和合。

生生世世盡一切之中，

不離一境相伴修等持，

十地殊勝次第願行走，

無論何時壽行空性時，

分別顯現溶酥[43]鮮光澤，

是為持明成就者道相，

普光之地[44]相續在菩提，

大蓮花地以任運成就，

轉大光地中行走之時，

是由昔前諸佛來接引。

心中無佛靠山命能依，

由諸菩提薩埵為後盾，

憑以供養眾佛母引導，

女眾諸自在母隨護持，

楊柳宮的地方行走時，

無邪妄的地方居住時，

金剛忿怒明王你所見，

與諸持明聖眾無分別，

唯願無上身語意任成，

三千世界及其他諸餘。

淨妙天界寶物酥油燈，

日月彩色光芒火俱足，

自現光明智力殊勝彩，

壇城聖眾還願酬謝佛，

酬願化為自在賜悉地。

我等輪迴諸有情眾生，

憑以這酥油燈之福擇，

唯願消除無明和黑暗，

唯願智慧之目而俱足。

唯願智慧風脈道打開，

唯願一切衰敗化滿願，

唯願一切尋思障淨除，

唯願惡業罪障化清淨，

唯願三界輪迴變成空，

唯願證得三身三果位，

唯願賜與自在和悉地。

（廿三）誕生迴向

གསོན་བསྔོ།

松俄

祈請盡一切廣大無邊十方剎土，五大雪湖彙集大海，莊嚴無邊淨土，三世諸佛所住之佛、菩薩、勇士、空行、諸天、仙人誓言諦語，而發宏願；盡一切善巧通達大施主**為首，給虛空盡處一切有情眾生祈降密意。在此，使施主增上意樂，成就清淨善根。自彼諸眾，所依三世積集善果，唯願利樂生處，一切遍智如來教證佛教上師寶興旺昌盛，永久住世。依靠佛法根本，七勝六嚴二資糧，證得三證士，八十四種自在瑜伽，香拔拉妙吉祥法王㊺，密教三部，神通祖孫三代，智教雙俱及噶、焦、祥氏三師㊻等化身譯師，大哲佛教大師中所修事業。在法界中，從一切證得解脫之意的無盡密意之上，唯願一切得到轉化。現今所居佛教聖土，一切斷證圓滿，菩提心種子，完全復蘇，從實有法傳承。在有情眾生中，從藥王三聖士之道，在二義成就中，一切所求之心的願望任運成就，唯願壽元勝幢永久常住。

由無餘有情眾生，佛所賜之衣食住行寡欲淡泊及與十法行相關而講的戒、定、慧三學，能詮釋三藏的精進修持，唯願增長人士所護持的發心。從大乘發心，遍智品位尋求所依，請凡以三律儀[47]華美無犯戒罪垢的甚深成熟解脫道中，唯願不離瑜伽，唯願以有學之道化為一切功德。利根灌頂之後，在四念住[48]中增長了下品資糧道，彙集了功德。以四正斷[49]彙集增長了中品資糧道功德，以四足神通增長了上品資糧道而彙集的盡所有功德。唯願在五智力中，化為增長的加行道，殊勝忍辱之法彙集之盡所有功德。唯願在菩提七支中，以增長見道彙集盡所有功德。唯願在八正道中增長修持，化為彙集的盡所有功德。唯願在身、語、意無盡莊嚴的輪無學道化為盡所有功德。唯願以彼等相證得的教證上師永住的能依咒力中，在世間時中降下之雨，自然而生，年景豐收，功德圓滿。唯願從善惡之因而生起的八大怖畏和十六怖畏，霜凍、冰雹、銹病乾旱、出現山岡窪地，人畜疫情、兵亂、饑荒、邪魔禍害盛行之時，盡所有障礙等悉息滅。

唯願一切有情眾生自性，善趣七功德俱足，彼此關愛。唯願改變五濁惡世衰敗，利濟惡業因果。在圓滿安樂之中，自然行持。唯願君臣施主，賢能諸眾，在自由自在的吉祥中，寡欲知足。小心謹慎，不放逸生活。所轄臣民，不離悲憫護佑的善願。化為以殊勝主為首的盡一切有情眾生，化為教派一致的如意意樂。生生世世，證得暇滿[50]五蘊身[51]。謁見正偏知上師喇嘛，大善知識，憑三喜[52]而修究竟。依止十自在[53]菩提分法[54]及勝義而現法身。利他之中，從二種色身之門，作用於利樂有情眾生而往復饒益。

並頌贊曰；

憑以妙吉祥勇士，

並諸菩提薩埵眾，

願成密意利眾心，

憑以怙主盡密意，

此願生起眾有情，

生起利樂之諸言。

（廿四）薦亡迴向

གཞན་བསྔོ།

興俄

祈請一切諸佛之身、語、意、功德、事業無盡莊嚴之輪幻化，住於無邊莊嚴淨土得以揮舞的佛菩薩及徒眾中等。在世間彼岸，結生相續的隨入轉移不能自主的盡一切有情眾生中，悲憫照見，欲精進修持。如是增長的凡諸有情，處於臨終中有，四名蘊[55]及識八聚，法性彙聚無為而寂後，化現為無學道[56]功德，最初顯現出死的光明之處，成究竟圓滿。如若處於法性中有，在聲、光、幅射三者中而積累之情景，一切不一定知道自性不存在的法性空，唯願靜猛受用圓滿之身自性所有一切大成就本體成為證覺。如在生死流轉中有中漂泊不定，應以成熟解脫和三昧耶誓言不斷修諸淨治，使其安息於空行和自性化身之土。唯願能夠證覺而生出化身，由一切自力而住於道，能依善根和由他力攝持發願，而不是福澤之業。與瞋恚相同的自身原形從冷熱地獄之苦而證得解脫，與慳吝相同的自身原形之餓鬼從饑渴之苦得證解

脫，與愚癡相同的自身原形從畜生役使之苦得證解脫，與嫉妒相同的自身原形從非天諍鬥之苦而證解脫，與我慢相同的自身原形從天上墮死之苦而證解脫，從不動之行持和四禪自身等持無色變化之苦而證解脫。

總之，從緣起順序彙集輪迴苦海，疾速解脫而證得一切種相的智慧上師果位，在此非證的中有中，或若善趣七功德而為所依，唯願證得暇滿的十八法俱足的殊勝五蘊生。因而殊勝童子厭心俱，便可進入佛教，而且可以成為清淨善知識的執受。復次由三喜依善，盡為一切佛緣。在無上大乘的二藏[57]中，若能修聞思，不帶墮罪之垢，能修證得佛的斷證功德，成為自利現前法身，他利從二種色身之門，成為作用於有情眾生的無量利樂，壽命往復輪轉，佛的壇城，證得佛的三身等一切事業。

（廿五）菩提薩埵懺罪法

（菩薩三聚經）

བྱང་ཆུབ་སེམས་དཔའི་ལྟུང་བཤགས་པ།

香琪賽華冬夏巴

一切有情眾生，永遠皈依金剛上師！皈依佛！皈依法！皈依僧！

南無、世尊、如來、應供、正徧知、一切諸佛、釋迦牟尼佛！

南無金剛藏摧壞佛！

南無寶焰佛！

南無龍自在王佛！

南無勇軍王佛！

南無吉祥歡喜佛！

南無寶火佛！

南無寶月光佛！

南無照見利樂佛！

南無寶月佛！

南無無垢清淨佛！

南無施吉祥佛！

南無梵天佛！

南無梵天施佛！

南無水王佛！

南無水天佛！

南無妙吉祥佛！

南無栴檀吉祥佛！

南無無量威德佛！

南無吉祥光明佛！

南無無憂吉祥佛！

南無無愛子佛！

南無花吉祥佛！

南無梵王光明莊嚴慧王佛！

南無蓮花光明莊嚴慧王佛！

南無寶吉祥佛！

南無恩吉祥佛！

南無祥名遍傳佛！

南無頂幢王佛！

南無最威鎮吉祥佛！

南無鬥戰勝佛！

南無威鎮佛！

南無遍照王莊嚴佛！

南無寶蓮威鎮佛！

南無．如來．應供．正徧知．一切諸佛；大寶蓮台須彌山王佛；如是等十方世界，一切剎土，如來．應供．正徧知。所傳一切諸佛．世尊，悉請垂念，蔭護於我；我於今生，無始以來。輪迴流轉，所造一切罪障。若已作，若教他作，他作隨喜，或奪佛塔財，或奪僧物，奪十方僧財。若已作，若教他作，他作隨喜。五無間道。若已作，若教他作，他作隨喜。或取十不善，作正道而為，若已作，若教他作，他作隨喜，若為隨一業障障蔽，而有我心，趨墮地獄，趨生傍生，若趨餓鬼，若生邊荒，若生蠻夷，若生長壽天人，若生五根不全，若持邪見者，若成不喜。佛出世者，如是一切業障，悉皆洞察，觀為佛智、佛眼、佛根、佛相、而於諸佛菩薩，前作懺悔，不隱不遮，斷而戒之，請諸佛世尊，垂念於我。

若今生，若前生，無始以來，輪迴流轉，於其他趣，生於畜生趣者，我將集一口飯食。盡有善根，守持戒律，盡有善根，行持淨行，盡有善根，一切有情成熟，盡有善根，發菩提心，盡有善根，無上般若，集於一處，皆悉迴向於無上阿耨多羅三藐三菩提！過去諸

佛，一切迴向，未來諸佛，一切迴向，現在住世諸佛，一切迴向，我亦如是悉作迴向，懺悔一切業障，凡諸俱有，無量大海功德，現在住世，一切妙賢佛，過去住世，一切妙賢佛，皆悉合掌，向佛皈依！三種身業，四種語業，三種意業，等等所造十不善種種過犯，皆悉懺悔，無始以來，乃至今世，所犯十不善罪，五無間道，心縛煩惱，過犯，皆悉懺悔，貪瞋癡故，我身語意，所作罪障，皆悉懺悔：

頂禮獻供急懺悔，

隨喜垂請賜加持，

我今皆所積微善，

迴向正等善菩提。

願一切吉祥！

（廿六）金剛薩埵懺罪法

རྡོ་རྗེ་སེམས་དཔའ་ལྟུང་བཤགས།

多傑賽華冬夏

ཨོཾ༔

唵

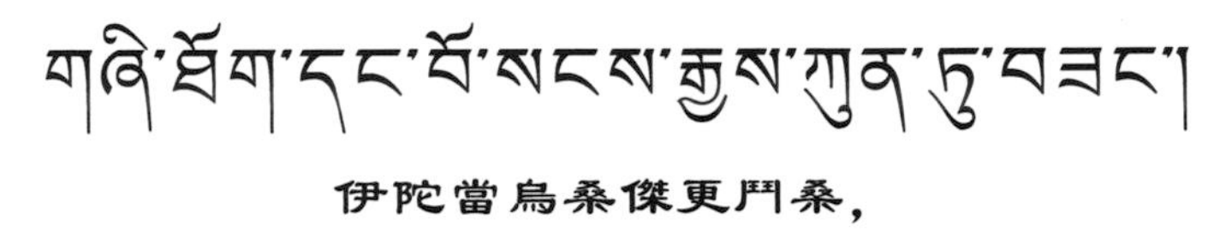
གཞི་ཐོག་དང་པོ་སངས་རྒྱས་ཀུན་ཏུ་བཟང་།

伊陀當烏桑傑更門桑，

原始普賢王如來，

རྡོ་རྗེ་སེམས་དཔའ་རྡོ་རྗེ་དེ་བཞིན་གཤེགས།

多傑賽華多傑德音夏，

金剛薩埵王如來，

དཔའ་བོ་ཆེན་པོ་འགྲོ་བ་སྐྱབས་པའི་མགོན།

華吾欽波卓哇覺比貢，

大雄護佑眾生怙，

བདག་ལ་རྩེར་དགོངས་ཡེ་ཤེས་སྤྱན་གྱིས་གཟིགས།

答拉裁貢益希堅吉塞。

唯教誡我慧眼觀。

ཨཱཿ

阿

གདོད་ནས་མ་སྐྱེས་ཡེ་ནས་རྣམ་དག་ཀྱང་།

哆內瑪姬益內南達江，

本來無生最初淨，

འཕྲུལ་སྣང་བློ་བུར་ཤར་བའི་ཀུན་རྟོག་ལས།

赤囊洛烏爾夏比更多列，

突然幻化尋思升，

མ་རིག་གཟུང་འཛིན་སྐྱེན་སྣང་ཉམས་ཆག་ཀུན།

瑪仁松增吉囊娘恰更，

持無明猝顯壞墮，

དག་ཆེན་ཆོས་དབྱིངས་ཡུམ་གྱི་ཀློང་དུ་བཤགས།

達欽切央優吉隆都夏。

極淨法界母懺悔。

བཛྲ༔

貝雜爾

གསང་བའི་བདག་པོའི་རྡོ་རྗེའི་དམ་བསྒྲགས་པས།

桑比達波多傑達扎比，

金剛秘密主律儀，

སྐུ་གསུང་ཐུགས་གསུང་ས་མ་ཡ་འབུམ་གྱི།

格松陀松薩瑪雅波吉，

由身語意十萬誓，

དམ་ལས་ཉམས་ཤིང་ཆིག་ལས་འགལ་བ་གང་།

達列娘香次列迦哇岡，

任隨違越三昧耶，

རབ་ཏུ་གནོང་ཞིང་འགྱོད་པས་མཐོལ་ལོ་བཤགས།

熱都龍香覺比陀洛夏。

應極愧疚作懺悔。

ས་ཏྭཿ

薩埵

ཉམས་པ་སྐྱོན་དུ་གྱུར་པའི་དུས་འདས་ནས།

娘巴君都吉爾比德帝內，

違犯過失命終時，

ལས་ཀྱི་གཉེར་འཛིན་རྡོ་རྗེ་མཁའ་འགྲོ་ཡིས།

列吉尼增多傑卡卓伊，

金剛空行管行持，

བཀའ་ཡིས་ཚད་པ་དྲག་པོའི་རྒྱུར་གྱུར་བའི།

迦伊恰巴扎波吉幾爾威，

化為猛厲相懲處，

འདི་ཕྱིའི་སྒྲིབ་གྱུར་དམྱལ་ཆེན་རྒྱུ་བསགས་བཤགས།

德希知吉娘欽吉薩夏。

終修大地獄集懺。

ཧཱུྃ༔

吽

འདོད་པའི་རྒྱལ་པོ་ཡེ་ནས་རྡོ་རྗེ་ཆེ།

哆比嘉烏伊內多傑切，

最初欲帝大金剛，

མིགས་སུ་མེད་ཅིང་ཉམས་དང་བཤགས་པ་བྲལ།

莫蘇美江娘當夏巴扎，

空性壞失離懺罪，

ཀུན་ཏུ་བཟང་པོ་ཡེ་རྫོགས་རིག་པའི་ཀློང་།

更都桑烏伊佐仁比靈斯，

普賢本來閱明境，

འདུ་འབྲལ་མེད་པ་ཆོས་དབྱིངས་ཀློང་དུ་ཨ།

都扎美巴切央龍都阿。

彙集法界中懺悔。

接誦百字明若干遍。

以下為本修持法之果（不念誦）

金剛三明王[58]前懺，

如拔金術出輪迴，

無論何道漏違誓，

成證護眾生教訣，

普賢意的空性升，

我心觸之即變化。三昧耶，密密密，願一切吉祥！

以上為大雄勝樂金剛傳承。

金剛薩埵懺罪法之二

ཨོཾ

唵

རྗེ་བཙུན་བླ་མ་རྣམས་ཀྱི་སྤྱན་ལམ་དུ།

吉贊喇嘛南吉堅南都，

上師眾尊視察中，

ཡོ་བྱད་འབྱོར་ཚོགས་ཚང་བ་མཐོལ་ལོ་བཤགས།

優夏覺措群哇陀洛夏，

資具圓滿微露懺，

ཡི་དམ་ལྷ་ཚོགས་རྣམས་ཀྱི་སྤྱན་ལམ་དུ།

伊達拉措南吉堅拉都，

本尊聖眾視察中，

མངོན་རྟོགས་སྤོང་ལེན་བགྱིས་པ་མཐོལ༔

俄哆笨列吉巴陀洛夏，

現觀捨取發露懺，

མཁའ་འགྲོ་སྡེ་བཞི་རྣམས་ཀྱི་སྤྱན་ལམ་དུ།

卡卓帝伊南吉堅拉都，

四部空行眾視察，

ཁས་བླངས་དམ་བཅའ་ཉམས་པ་མཐོལ༔

開朗達嘉娘巴陀洛夏，

承諾誓言發露懺，

ཆོས་སྐྱོང་སྲུང་མ་རྣམས་ཀྱི་སྤྱན་ལམ་དུ།

切君松瑪南吉堅拉都，

諸天護法視察中，

གཏོར་མ་ལོ་ཟླར་འགྱངས་པ་མཐོལ༔

多爾瑪洛達江巴陀洛夏，

拖延施時發露懺，

དུས་གསུམ་ཕ་མ་རྣམས་ཀྱི་སྤྱན༔

德松帕瑪南吉堅拉都，

三世諸父母視察，

དྲིན་ལན་ལན་གྱིས་མ་འཇལ་མཐོལ༔

幀蘭蘭吉瑪嘉陀洛夏，

報無量恩發露懺，

མཆེད་དང་ལྕམ་དྲལ་རྣམས་ཀྱི་སྤྱན༔

切當嘉扎南吉堅拉都，

同胞諸兄妹視察，

དམ་ཚིག་བརྩེ་གདུང་ཆུང་བ་མཐོལ༔

達次裁冬群哇陀洛夏，

誓言悲憫發露懺，

མགོ་དྲུག་སེམས་ཅན་རྣམས་ཀྱི་སྤྱན༔

果智賽堅南吉堅拉都，

六趣諸有情視察，

སྙིང་རྗེ་ཕན་སེམས་ཆུང་བ་མཐོལ༔

寧吉盤賽群哇陀洛夏，

利他悲憫心露懺，

སོ་སོར་ཐར་བ་རྣམས་ཀྱི་སྡོམ་པ་དང་།

索索爾塔哇南吉多巴當，

諸別解脫⑲勝律儀，

བྱང་ཆུབ་སེམས་དཔའ་རྣམས་ཀྱི་བསླབ་པ་དང་།

香琪賽華南吉拉巴當，

菩提薩埵諸梵行，

རིག་པ་འཛིན་པ་སྔགས་ཀྱི་དམ་ཚིག་སོགས།

仁巴增巴俄吉達次索，

持明密咒誓言等，

ཉམས་པ་ཐམས་ཅད་མཐོལ་བཤགས་མི་འཆབ་པོ།

娘巴塔堅陀夏莫恰波，

一切違越無遮懺，

མི་སྦེད་སླན་ཆད་སྤྱོད་ཅིང་སྡོམ་པར་བགྱི།

莫威蘭恰覺江多巴爾吉，

今後律儀行無隱，

དུས་གསུམ་བྱས་པའི་སྡིག་སྒྲིབ་མཐོལ་བཤགས་ནས།

德松希比德智陀夏內，

三世所造諸惡業，

ཚངས་པར་མཛད་ནས་སྐུ་གསུང་ཐུགས་ལ་སོགས།

倉巴乍內格松陀拉索，

身語意中具梵行，

མཆོག་དང་ཐུན་མོང་དངོས་གྲུབ་སྩལ་དུ་གསོལ།

卻當彤萌俄智乍都索！

賜共與不共悉地！

（接誦百字明若干遍）

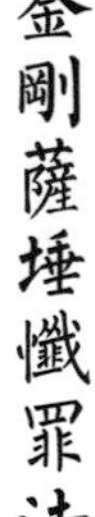

（廿七）八吉祥

བཀྲ་ཤིས་བརྒྱད་པ།

扎西嘉巴

ༀ

唵

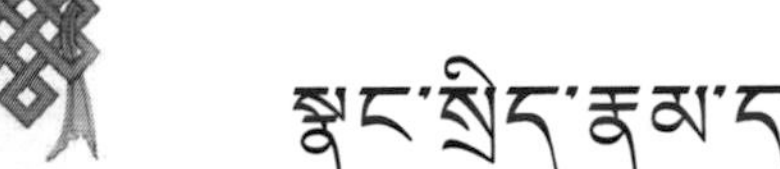

སྣང་སྲིད་རྣམ་དག་རང་བཞིན་ལྷུན་གྲུབ་པའི།

囊史南達讓音林智比，

萬物清淨自性任運圓，

བཀྲ་ཤིས་ཕྱོགས་བཅུའི་ཞིང་ན་བཞུགས་པ་ཡི།

扎西肖吉香那希巴伊，

十方吉祥淨土中居住，

སངས་རྒྱས་ཆོས་དང་དགེ་འདུན་འཕགས་པའི་ཚོགས།

桑傑切當更登帕比措，

佛法僧伽和合之聖眾，

ཀུན་ལ་འཕྱགའཚལ་བདག་ཅག་བཀྲ་ཤིས་ཤོག།

更拉夏叉達嘉扎西肖！

一切頂禮我等願吉祥！

八吉祥

སྒྲོན་མེ་རྒྱལ་པོ་རྩལ་བརྟན་དོན་གྲུབ་དགོངས།

鐘梅嘉烏作旦冬智貢，

燈王恃力義成就密意，

བྱམས་པའི་རྒྱན་དཔལ་དགེ་གྲགས་དཔལ་དམ་པ།

夏比堅華格扎華達巴，

慈嚴吉祥善名勝祥瑞，

ཀུན་ལ་དགོངས་པ་རྒྱ་ཆེར་གྲགས་པ་ཅན།

更拉貢巴嘉切爾扎巴堅，

一切密意廣大爾聞名，

ལྷུན་པོ་ལྟར་འཕགས་རྩལ་གྲགས་དཔལ་དང་ནི།

林波達帕作扎華當尼！

如須彌山慧力遍吉祥！

སེམས་ཅན་ཐམས་ཅད་ལ་དགོངས་གྲཏ་པའི་དཔལ།

塞堅塔堅拉貢扎比華，

一切有情密意聞吉祥，

ཡིད་ཆོམ་མཛད་པ་རྩལ་རབ་གྲགས་དཔལ་ཏེ།

伊次作巴作熱扎華帝，

足意行持善巧遍吉祥，

མཚན་ཙམ་ཐོས་པས་བཀྲ་ཤིས་དཔལ་འཕེལ་བ།

參乍特比扎西華帕哇，

唯聞名號吉祥威德增，

བདེ་བར་གཤེགས་པ་བརྒྱད་ལ་ཕྱག་འཚལ་ལོ།

德哇歇巴嘉拉夏叉洛！

八善逝如來前我頂禮！

འཇམ་དཔལ་གཞོན་ནུ་དཔལ་ལྡན་རྡོ་རྗེ་འཛིན།

嘉華雲努華旦多傑增，

妙吉祥童具德金剛持，

སྤྱན་རས་གཟིགས་དབང་མགོན་པོ་བྱམས་པའི་དཔལ།

堅熱詩旺貢波夏比華，

觀音自在怙主慈吉祥，

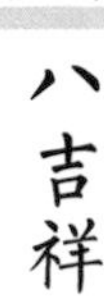

八吉祥

ས་ཡི་སྙིང་པོ་སྒྲིབ་པར་རྣམ་པར་སེལ།

薩伊寧布智巴南巴塞，

消除藏土種種之道障，

ནམ་མཁའི་སྙིང་པོ་འཕགས་མཆོག་ཀུན་ཏུ་བཟང་།

南卡寧布帕卻更都桑。

虛空藏中殊勝普賢王。

ཨུཏྤ་རྡོ་རྗེ་པད་དཀར་ཀླུ་ཤིང་དང་།

鄔帕多傑巴迦勒香當，

蓮花金剛白蓮那伽樹，

ནོར་བུ་ཟླ་བ་རལ་གྲི་ཉི་མ་ཡི།

努爾吾達哇熱智尼瑪伊，

珍寶摩尼月及寶劍日，

ཕྱག་མཚན་ལེགས་བསྣམས་བཀྲ་ཤིས་དཔལ་གྱི་མཆོག།

夏參拉南扎西華吉卻，

執持鈴杵法器勝吉祥，

བྱང་ཆུབ་སེམས་དཔའ་བརྒྱད་ལ་ཕྱག་འཚལ་ལོ།

香琪賽華嘉拉夏叉洛。

八大菩薩之前我頂禮。

རིན་ཆེན་གདུགས་མཆོག་བཀྲ་ཤིས་གསེར་གྱི་ཉ།

仁欽鬥卻扎西賽吉娘，

珍寶華蓋吉祥黃金望，

འདོད་འབྱུང་བུམ་བཟང་ཡིད་འོང་ཀ་མ་ལ།

多君笨桑伊俄迦瑪拉，

欲生妙瓶如意迦摩羅，

སྙན་གྲགས་དུང་དང་ཕུན་ཚོགས་དཔལ་བེའུ།

寧扎冬當彭措華威吾，

美名硨磲吉祥圓滿堆，

མི་ནུབ་རྒྱལ་མཚན་དབང་བསྒྱུར་འཁོར་ལོ་སྟེ།

莫努嘉參旺吉科洛帝，

不朽勝幢自在大轉輪，

རིན་ཆེན་རྟགས་མཆོག་བརྒྱད་ཀྱི་ཕྱག་མཚན་ཅན།

仁欽達卻嘉吉夏參堅，

八種形狀珍寶勝標識，

ཕྱོགས་བཅུའི་རྒྱལ་བ་མཆོད་ཅིང་དགྱེས་བསྐྱེད་མ།

肖吉嘉哇卻江吉幾瑪，

十方佛供歡喜生起母，

སྒེག་སོགས་ངོ་བོ་དྲན་པས་དཔལ་སྤེལ་བའི།

格索俄烏乍比華帕威，

端妙體相念住增吉祥，

བཀྲ་ཤིས་ལྷ་མོ་བརྒྱད་ལ་ཕྱག་འཚལ་ལོ།

扎西拉母嘉拉夏叉洛！

八大吉祥天母我頂禮！

ཚངས་པ་ཆེན་པོ་བདེ་འབྱུང་སྲེད་མེད་བུ།

倉巴欽波帝君詩美吾，

大梵樂源無愛染之子，

མིག་སྟོང་ལྡན་དང་རྒྱལ་པོ་ཡུལ་འཁོར་སྲུང་།

莫冬旦當嘉烏隅科松，

千目俱足護國之天王，

འཕགས་སྐྱེས་པོ་དང་ཀླུ་དབང་མིག་མི་བཟང་།

帕吉波當勒旺莫姆桑，

增長天王龍主廣目王，

རྣམ་ཐོས་སྲས་ཏེ་ལྷ་རྫས་འཁོར་ལོ་དང་།

南特舍帝拉支科洛當，

毗沙門及天界珍寶輪，

ཏྲིལ་བུ་ལ་དང་མདུང་ཐུང་རྡོ་རྗེ་ཅན།

智烏拉當冬彤多傑堅，

三叉戟和短劍金剛者，

པི་ཝཾ་རལ་གྲི་མཆོད་རྟེན་རྒྱལ་མཚན་འཛིན།

拜哇熱智卻旦嘉參增，

琵琶劍塔勝幢而執持，

ས་གསུམ་གནས་སུ་དགེ་ལེགས་བཀྲ་ཤིས་སྤེལ།

薩松內蘇格拉扎西帕，

三土居處妙善增吉祥，

འཇིག་རྟེན་སྐྱོང་བ་བརྒྱད་ལ་ཕྱག་འཚལ་ལོ།

吉旦君瓦嘉拉夏叉洛。

世間八大護持我頂禮。

བདག་ཅག་དེང་འདིར་བྱ་བ་རྩོམ་པ་ལ།

達嘉當德夏瓦佐巴拉，

我等今時著手之行持，

བགེགས་དང་ཉེ་བར་འཚེ་བ་ཀུན་ཞི་ནས།

迦當寧瓦次哇更希內，

魔障災難一切盡息滅，

འདོད་དོན་དཔལ་འཕེལ་བསམ་དོན་ཡིད་བཞིན་འགྲུབ།

多冬華帕桑頓伊音智，

願吉祥增願望如意成，

བཀྲ་ཤིས་བདེ་ལེགས་ཕུན་སུམ་ཚོགས་པར་ཤོག།

扎西德拉彭松措巴肖。

唯願吉祥如意而圓滿。

（廿八）供養

མཆོད་པ།

卻巴

ནངས་ཇ་མཆོད་པ།

早供

囊嘉却巴

ཧྲཱིཿ

舍

དུས་གསུམ་སངས་རྒྱས་ཀུན་གྱི་ངོ་བོ་ཉིད།

德松桑傑更吉俄烏尼，

三世一切諸佛之體性，

བྱིན་རླབས་རྩ་བ་ཨྱོན་རིན་པོ་ཆེ།

興拉作哇烏金仁波切，

根本加持烏金上師寶，

འགྲོ་མགོན་པད་མ་འབྱུང་གནས་སྤྲུལ་པའི་སྐུ།

卓貢貝瑪君內智比格，

眾生依怙化身蓮花生，

དྲིན་ཆེན་བླ་མ་རྣམས་ལ་མཆོད་པ་འབུལ།

貞欽喇嘛南拉卻巴波，

供養諸眾大恩德上師，

ཞི་ཁྲོ་ཡི་དམ་འདས་པའི་རང་བཞིན་ཅན།

希楚伊達帝比讓音堅，

靜猛本尊涅槃自性者，

དངོས་གྲུབ་རྩ་བ་ཐུགས་རྗེས་སྤྱན་རས་གཟིགས།

厄智乍哇陀吉堅熱詩，，

悉地根本悲憫觀世音，

རྟ་འགྲིན་དབང་ཆེན་འཁོར་འདས་སྤྱི་དཔལ་གཙོ།

達智旺欽科帝金巴佐，

馬頭威德有寂威德主，

ཡི་དམ་ལྷ་ཚོགས་རྣམས་ལ་མཆོད་པ་འབུལ།

伊達拉措南拉卻巴波，

供養本尊是諸之聖眾，

མ་མོ་མཁའ་འགྲོ་ཡོངས་ཀྱི་གཙོ་མོ་སྟེ།

瑪母卡卓雲吉佐母帝，

所有本母空行母主尊，

བར་ཆད་སེལ་མཛད་རྡོ་རྗེ་ཕག་མོ་ཡུམ།

哇恰塞乍多傑佐母佑，

消除道障之金剛亥母，

རིགས་ཀྱི་ལྷ་མོ་གསང་བ་ཡེ་ཤེས་དབྱིངས།

仁吉拉母桑哇伊希央，

凡屬密乘佛母智慧音，

མ་གསང་མཁའ་འགྲོའི་ཚོགས་ལ་མཆོད་པ་འབུལ།

瑪桑卡卓措拉卻巴波。

供養母部密乘眾空行。

ཧྲཱིཿ

舍

བླ་མ་ཡི་དམ་མཁའ་འགྲོ་ཚོགས་བཅས་ལ།

喇嘛伊達卡卓措吉拉，

上師本尊空行眾眷屬，

བདག་གཞན་རབ་གུས་གདུང་བའི་མཆོད་པ་འབུལ།

達燕熱格冬威卻巴波，

自他極其恭敬願供養，

ཁྱེད་ཀྱི་ཡེ་ཤེས་ཐུགས་རྗེས་བྱིན་བརླབ་ཀྱིས།

切吉伊希陀吉興拉吉，

您的悲憫智慧加持力，

མི་རྟོག་ཏིང་འཛིན་ཡེ་ཤེས་སྐྱོད་དུ་གསོལ།

美多當增伊希嘉都索，

祈請無別等持智慧行，

ཉམས་རྟོག་རིག་པའི་རྩད་ཆེན་འབད་དུ་གསོལ།

娘多仁比作欽巴都索，

祈請證悟明之精進根，

སྐུ་གསུམ་ཞིང་ཁམས་འབྱུང་བར་མཛད་དུ་གསོལ།

格松香康君哇作都索，

祈請往生三身刹土中，

བསྐྱེད་རྫོགས་དོན་གཉིས་འབྲས་བུ་ཁོང་ཚུད་ནས།

吉佐冬尼智烏孔曲內，

生圓二義道果領悟後，

ཕྱི་མི་དག་པའི་ས་ཆེན་ཐོབ་ནས་ཀྱང་།

希莫達比薩欽妥內江，

從外不淨大地而證得，

སེམས་ཅན་ཐམས་ཅད་སངས་རྒྱས་མ་ཐོབ་བར།

賽堅塔堅桑傑瑪妥哇爾，

一切有情眾生未證佛，

འགྲོ་བའི་དོན་དུ་ལྷུན་འགྲུབ་འབྱུང་བར་ཤོག།

卓哇冬都林智君哇肖！

唯願饒益有情任運生！

午供

ཇོས་ཇ་མཆོད་པ།

遮嘉卻巴

རཾ་ ཡཾ་ ཁཾ༔ ཨོཾ་ ཨཱཿ ཧཱུྃ

讓 央 康 唵 阿 吽

ཏིང་འཛིན་སྔགས་དང་ཕྱག་རྒྱས་བྱིན་རླབས་པའི།

當增俄當夏嘉興拉比，

以密等持及手印加持，

ཟད་མེད་བདུད་རྩིའི་ཇ་མཆོད་རྒྱ་མཚོ་འདི།

薩美都支嘉卻嘉措德 ，

無盡甘露之茶大海供，

ཐར་བའི་ལམ་སྟོན་དྲིན་ཆེན་བླ་མ་མཆོད།

塔哇拉冬貞欽喇嘛卻 ，

指解脫道大德上師供，

供養

སྲིད་ཞིའི་འཇིགས་སྐྱོབས་དཀོན་མཆོག་རྣམ་གསུམ་མཆོད།
詩希吉君貢卻南松卻，
護佑有寂怖畏三寶供，

དངོས་གྲུབ་སྟེར་མཛད་ཡི་དམ་ལྷ་ཚོགས་མཆོད།
俄智帝爾作伊達拉措卻，
賜與悉地本尊聖眾供，

ས་ལམ་གྲོགས་མཛའ་ཡེ་ཤེས་མཁའ་འགྲོ་མཆོད།
薩拉卓扎伊希卡卓卻，
地道伴侶智慧空行供，

འཕྲིན་ལས་དབང་ཕྱུག་ཆོས་སྐྱོང་སྲུང་མ་མཆོད།
赤列旺秀切君松瑪卻，
事業自在女護法神供，

དཀར་ཕྱོགས་སྐྱོང་བའི་འཇིག་རྟེན་ལྷ་རྣམས་མཆོད།
噶肖君威吉旦拉南卻，
護持善行諸世間神供，

ལན་ཆགས་བུ་ལོན་སྣེགས་པའི་གདོན་བགེགས་མཆོད།
蘭恰吾龍尼比冬噶卻，
業債隨行魔鬼障礙供，

དྲིན་ཆེན་མར་གྱུར་རིགས་དྲུག་སེམས་ཅན་མཆོད།

貞欽瑪姬仁智賽堅卻，

成大恩德六趣有情供，

སྟོངས་གྲོགས་མཛད་པའི་ཡུལ་འདིའི་གཞི་བདག་མཆོད།

冬卓作比由德伊達卻，

結伴之處家鄉地祇供，

དེ་ལྟར་མཆོད་པའི་བདག་སོགས་འཁོར་བཅས་ཀྱིས།

帝達卻比達索科吉幾，

如是供的我等眾眷屬，

འགལ་རྐྱེན་སེལ་ལ་ཐུན་རྐྱེན་མ་ལུས་སྒྲུབ།

噶金塞拉彤金瑪列智，

消除逆境你緣無餘修，

ཚོགས་རྫོགས་སྒྲུབ་བྱང་སངས་རྒྱས་མྱུར་ཐོབ་ཤོག།

措佐智香桑傑紐妥肖！

速證資糧圓成佛菩提！

晚供

དགོང་ཇ་མཆོད་པ།

貢嘉卻巴

སྟོན་པ་བླ་མེད་སངས་རྒྱས་རིན་པོ་ཆེ།

冬巴喇美桑傑仁波切，

無上菩提佛陀寶，

སྐྱོབ་པ་བླ་མེད་དམ་ཆོས་རིན་པོ་ཆེ།

覺巴喇美達切仁波切，

無上護持妙法寶，

འདྲེན་པ་བླ་མེད་དགེ་འདུན་རིན་པོ་ཆེ།

詹巴喇美格登仁波切，

無上導師僧伽寶，

སྐྱབས་གནས་དཀོན་མཆོག་གསུམ་ལ་མཆོད་པ་འབུལ།

嘉內貢卻松拉卻巴波，

供養皈依三寶處，

ཞལ་ཟས་རོ་བརྒྱ་ལྡན་པའི་ཡིད་འཕྲོག་པའི་།

夏塞若嘉旦比伊楚比，

具神饈百味意樂，

ལེགས་སྦྱར་འདི་ནི་རྒྱལ་བ་སྲས་བཅས་ལ།

垃嘉帝尼嘉哇舍吉拉，

妙語佛徒眷屬中，

དད་པའི་ཕུལ་བའི་འགྲོ་བ་འདི་དག་གིས།

達比普威卓哇帝達格，

敬信供養是諸眾，

འབྱོར་ལྡན་ཏིང་འཛིན་ཆོས་ལ་སྤྱོད་པར་ཤོག།

覺旦當增切拉覺巴肖！

願富足定法中行！

供養

（廿九）持誦瑪尼功德

མ་ཎི་བཏོན་པའི་ཡོན་ཏན།

巴珠久美曲旺仁波切 編

噢！僧伽聖眾海會，祈請福壽法語因緣，為消除災難障礙之心，超薦亡靈，現今祈請僧伽聖眾持誦梵淨瑪尼音聲。

唵瑪尼叭咪吽

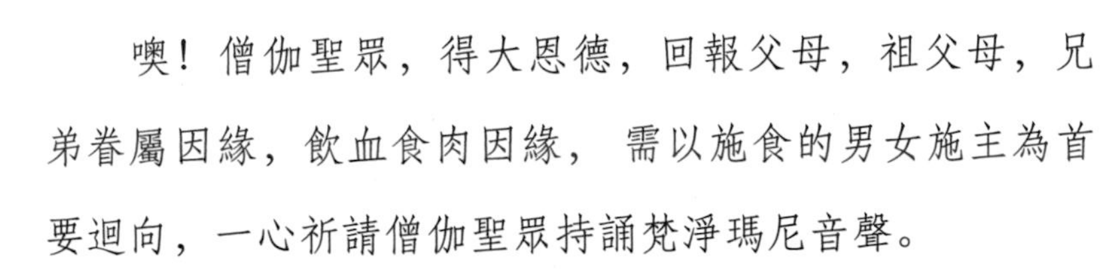

噢！僧伽聖眾，得大恩德，回報父母，祖父母，兄弟眷屬因緣，飲血食肉因緣， 需以施食的男女施主為首要迴向，一心祈請僧伽聖眾持誦梵淨瑪尼音聲。

唵瑪尼叭咪吽

噢！我等有情，以乾食、茶、酒相續， 遣送往生晝夜七期薦亡超度，供亡者食品，從善惡一切因緣之義，祈請僧伽聖眾持誦瑪尼梵淨音聲。

唵瑪尼叭咪吽

噢！我等諸有情，所擁有之綿羊、犛牛、牝馬之者，乘騎、馱牛、守家之犬等等，如是諸眾因緣，祈請僧伽聖眾持誦瑪尼梵淨音聲。

唵瑪尼叭咪吽

噢！我等大眾，薦亡祈福之齋，高如須彌山，而為食之，薦亡祈福之水，廣如大海，而為飲之，祈福之財，遍復大地，薦亡之食，猶如陰影遮蓋。一切罪障，今生違緣，無有轉化，後世冤債 ， 無有轉化，中有顯現幻惑，無有轉化，普一切清淨菩提淨土因緣，祈請僧伽聖眾持誦梵淨瑪尼音聲。

唵瑪尼叭咪吽

噢！，去歲亡者之日，今歲亡者之月，或晝或夜，若當日亡者，則按亡時。一切耳聞目睹，心中所思，中有世間怖畏，憂愁、受、想、行、識，集聚成蘊，因苦受自性之三怖畏，而識散亂，凍、 餓、渴三者，無疑一切苦時，中陰身如鴻毛，大風吹動，飄泊無定隨風舞動而行，因中有諸有情因緣，祈請僧伽聖眾持誦梵淨瑪尼音聲。

唵瑪尼叭咪吽

噢！圍繞輪迴中有男女有情之業，如被盜匪所殺而未超度，未迎請，所持之諸中有眾生因緣，祈請僧伽聖眾持誦梵淨瑪尼音聲。

唵瑪尼叭咪吽

噢！我等有情，無始以來，所行十不善業，五無間道，四重罪難斷，八邪妄等邪惡不善業，若自作，若他作。此後隨喜世間衣食因緣，吃肉食，穿皮衣，每月望日祭宰牲畜，當日所宰牲畜，瘟死之畜，僧伽聖眾海會祭宰之畜，笨波血祭之畜，諸如是盡行。祈請僧伽聖眾持誦梵淨瑪尼音聲。

唵瑪尼叭咪吽

噢！以我等有情，悉地菩提、利語、利心、利國、利食，擺渡浮橋者，租賃居處者，藏地牧區，所居帳房，與客擋狗者，與路人導，指示迷津者，若有人負載，見而憫之，以已馱畜，替人馱負者，是諸有情，往生極樂淨土因緣，祈請僧伽聖眾持誦梵淨音聲。

唵瑪尼叭咪吽

噢！總持三界普有情眾生，三世父母，六趣眾生，若胎生、若卵生、若濕生、若化生，地獄餓鬼、畜生、人天五趣，是諸聚集。所行衣、食、法三者，食肉、飲奶、見、聞、念、觸、從生死善惡，一切相關種種，即從此世間究竟涅槃。（此時行者需呼亡者之名）起始普有情當得往生彌陀剎土因緣，祈請僧伽聖眾持誦梵淨瑪尼音聲。

唵瑪尼叭咪吽

噢！與盡無邊虛空共有之有情眾生一切無餘，證得圓滿佛果因緣，祈請僧伽聖眾持誦瑪尼梵淨音聲。

唵瑪尼叭咪吽

嗟呼！在此所入，具緣之諸法行，緣起為首之行，六趣有情因緣，現今汝等祈請僧伽聖眾持誦梵淨瑪尼各一百遍。

唵瑪尼叭咪吽

附編著者介紹：

巴珠．久美曲旺（1808-1887），生於四川省甘孜藏族自治洲石渠縣，被認為巴格．桑旦彭措的轉世活佛，終生出世離俗，著有〈普賢上師言教〉，《彌勒法注釋》及《出世法言，蓮花歌舞》等書。

翻譯因緣：

西元二〇〇一年六月七日，譯者與山東，新疆諸漢地金剛同學赴青海省貴德縣貢巴紅教寺參加法會，住寺活佛華欽多傑上師慈悲傳授此法，並得同意譯者恭敬梵香頂禮，兩日譯竟，以供六道有情眾生薦亡祈福之需爾。

西元二〇〇一年夏譯於青海貴德縣貢巴紅教寺

持誦瑪尼功德

（三十）佈施之錢財　重如須彌山

此咒為：佈施之錢財，聚如須彌山之大，唯有熟誦爾。由你與我施食物，那些最得到極樂，由你與我飲料，作誦經祝福，恭敬侍奉供養，此一切最得極樂。所有一切對我詈罵、非善、鞭撻、刀刺等等，一切殺生害命之行，衡量一切菩提之樂，守持上下有餘，所有生靈，如是言曰：

唵，鄔資恰，拜扎阿巴雅娑哈。

頂禮！世尊，如來，應供，正偏知，佛薄伽梵，寶光明耀王佛。

納瑪，森達扎，巴日乍雅，達嗒噶達雅，阿爾哈底，薩木雅薩木布達雅。南無曼祖室利耶，格莫日。布都雅，菩提薩埵雅，摩訶薩埵雅。摩訶格惹尼噶雅，答雅塔，唵 尼日拉，巴尼巴拉，塞乍耶乍耶，拉底摩阿瑪底，達恰達恰，納木梅巴，惹惹吼達耶娑哈。

以此變為無疾，正等覺，現證，證覺。變為具食堆聚福德顯色之力。得具百味之食，以靜慮食養。以飲品堆聚福德，平息雜染饑渴。具有佈施功德，內無渴生。以諸醫藥聚，除病得樂，無生老病死苦，證生死涅槃。以你佈施賜你，依佈施不可得，即彼達越佈施，一切佈施於已，以於大佈施咒力而施眾生。

譯於西元2001仲夏　天水寧瑪精舍

（三十一）彌勒佛祈請頌

བྱམས་སྨོན།

強萌

སངས་རྒྱས་ཀུན་ལ་ཕྱག་འཚལ་ལོ།

桑傑更拉夏叉洛！

一切諸佛我頂禮！

དྲང་སྲོང་ལྷ་མིག་ལྡན་པ།

章松拉莫旦巴伊，

仙人天眼而俱足，

བྱང་ཆུབ་སེམས་དཔའ་རྣམས་དང་ཡང་།

香琪賽華南當央，

是諸菩提薩埵眾，

ཉན་ཐོས་རྣམས་ལ་ཕྱག་འཚལ་ལོ།

寧特南拉夏叉洛！

是諸聲聞我頂禮！

ངན་འགྲོ་ལས་ནི་བཟློག་བགྱིད་ཅིང་།

俄卓列尼多吉江，

惡趣諸業盡迴遮，

མཐོ་རིས་ལམ་ནི་རབ་སྟོན་ལ།

陀日拉尼熱冬拉，

善趣諸道悉示現，

ཀ་ཤི་མེད་པར་འདྲེན་བགྱིད་པ།

迦希美巴遮吉巴，

引導而無有老死，

བྱང་ཆུབ་སེམས་དཔའ་ལ་ཕྱག་འཚལ་ལོ།

香琪賽華拉夏叉洛！

菩提薩埵我頂禮！

སེམས་ཀྱི་དབང་དུ་གྱུར་པས་ན།

賽吉旺都吉比那，

如若心識中主宰，

བདག་གིས་སྡིག་པ་ཅི་བགྱིས་པ།

達格德巴吉幾巴，

由我所造諸惡業，

སངས་རྒྱས་སྤྱན་སྔར་མཆིས་ནས་སུ།

桑傑堅俄其內蘇，

如來尊前悉存在，

བདག་གིས་དེ་དག་བཤགས་པར་བགྱི།

達格帝達夏巴吉，

由我一切作懺悔，

གང་ལས་རྣམ་པ་གསུམ་གང་གིས།

岡列南巴松岡格，

諸凡三種所造業，

བསོད་ནམས་ཚོགས་ནི་བསྐྱེད་པ་དེ།

索南措尼吉巴帝，

福澤資糧次生起，

བདག་ནི་ཀུན་མཁྱེན་ས་བོན་ཏེ།

達尼更欽薩文帝，

我的一切智慧種，

བདག་གི་བྱང་ཆུབ་མི་ཟད་ཤོག།

達格香棋莫薩肖。

唯願我無盡菩提。

ཕྱོགས་བཅུ་དག་གི་ཞིང་ཁམས་སུ།

肖吉達格香康蘇，

十方所有刹土中，

སངས་རྒྱས་མཆོད་པ་གང་བྱུང་བ།

桑傑卻巴岡雄哇，

供養佛則一切生，

སངས་རྒྱས་མཁྱེན་པས་ཡི་རང་བ།

桑傑欽比伊讓哇，

憑佛智慧我隨喜，

དེ་ལ་བདག་ཉི་ཡི་རང་ངོ་།

帝拉達尼伊讓俄，

在此我等皆歡喜，

སྡིག་པ་ཐམས་ཅད་བཤགས་པར་བགྱི།

帝巴塔堅夏巴爾吉，

一切罪過盡懺悔，

བསོད་ནམས་ཀུན་ལ་ཡི་རང་ངོ་།

索南更拉伊讓俄，

一切福澤皆歡喜，

སངས་རྒྱས་ཀུན་ལ་ཕྱག་འཚལ་ལོ།

桑傑更拉夏叉洛！

一切佛前我頂禮！

བདག་ནི་ཡེ་ཤེས་མཆོག་ཐོབ་ཤོག།

達尼伊希卻妥肖。

唯願我證得智慧。

ཕྱོགས་བཅུ་དག་ནི་ཕྱོགས་རྣམས་ན།

肖吉達尼肖南那，

所有十方諸方向，

ས་བཅུ་དག་ལ་གནས་པ་ཡི།

薩吉達拉內巴伊，

一切十地中居住，

བྱང་ཆུབ་སེམས་དཔའ་བྱང་ཆུབ་མཆོག།

香棋賽華香琪卻，

菩提薩埵聖菩提，

འཚང་རྒྱ་བགྱིད་པར་བསྐུལ་མ་འདེབས།

倉嘉吉巴勾瑪帝。

祈願摧勸速證覺。

བྱང་ཆུབ་དམ་པར་སངས་རྒྱས་ཤིང་།

香琪達巴爾桑傑香，

淨妙菩提之如來，

སྡེ་དང་བཅས་པའི་བདུད་བཏུལ་ནས།

帝當吉比都鬥內，

降伏群聚魔眾後，

སྲོག་ཆགས་ཀུན་ལ་སྨན་སླད་དུ།

梳恰更拉曼拉都，

一切眾生得救治，

ཆོས་ཀྱི་འཁོར་ལོ་བསྐོར་གྱུར་ཅིག།

切吉科洛果吉幾，

唯願聖法輪常轉，

ཆོས་རྔ་ཆེན་པོ་སྒྲ་ཡིས་ནི།

切尼欽波扎伊尼，

因以大法鼓音聲，

སྡུག་བསྔལ་སེམས་ཅན་མཐར་བགྱིད་ཤོག།

都尼賽堅塔吉肖。

唯願有情苦到頭。

བསྐལ་པ་བྱེ་བ་བསམ་ཡས་སུ།

迦巴希哇桑伊蘇，

無量俱胝劫難中，

ཆོས་སྟོན་མཛད་ཅིང་བཞུགས་གྱུར་ཅིག།

切冬作江希吉幾，

唯願喜法筵常住，

འདོད་པའི་དམ་དུ་བྱིང་གྱུར་ཅིག།

多比達都香吉幾，

唯願昏沉變淨願，

སྲིད་པས་སྲད་བུས་དམ་བཅིངས་པ།

詩比薩烏達江巴，

解開懸結輪迴線，

འཆིང་བ་ཀུན་གྱིས་བཅིངས་བདག་ལ།

強哇更吉江達拉，

所有束縛我解脫，

རྐང་གཉིས་མཆོག་རྣམས་གཟིགས་སུ་གསོལ།

岡尼卻南詩蘇索。

祈願照見兩足尊。

སེམས་ཀྱི་དྲི་མར་གྱུར་པ་ལ།

賽吉智瑪姬哇拉，

轉變心思中污垢，

སངས་རྒྱས་རྣམས་ནི་སྨོད་མི་མཛད།

桑傑南尼母莫乍，

勿譭謗一切諸佛，

སེམས་ཅན་རྣམས་ལ་བྱམས་ཐུགས་ལྡན།

賽堅南拉香陀旦，

是諸有情存悲憫，

སྲིད་པའི་མཚོ་ལས་སྒྲོལ་བར་ཤོག།

詩比措列卓瓦爾肖。

願從輪迴海度出。

རྫོགས་པའི་སངས་རྒྱས་གང་བཞུགས་དང་།

佐比桑傑岡秀當，

一切諸佛盡所住，

གང་དག་འདས་དང་མ་བྱོན་པ།

岡達帝達瑪興巴，

皆悉過去和未來，

དེ་དག་རྗེས་སུ་བདག་སློབ་ཅིང་།

帝達吉蘇達洛江，

我亦隨此而修學，

བྱང་ཆུབ་སྤྱད་པ་སྤྱོད་གྱུར་ཅིག།

香棋嘉巴覺吉幾，

唯願化為菩薩行，

ཕ་རོལ་ཕྱིན་དྲུག་རྫོགས་བགྱིས་ནས།

帕若興智佐吉內，

六波羅蜜證圓滿，

འགྲོ་དྲུག་སེམས་ཅན་ཐར་བགྱིད་ཤོག།

卓智賽堅塔吉肖，

唯願六趣眾解脫，

མངོན་ཤེས་དྲུག་པོ་མངོན་བགྱིས་ནས།

俄希智波俄吉內，

六種神通顯現後，

བླ་མེད་བྱང་ཆུབ་རེག་གྱུར་ཅིག།

喇美香琪熱吉幾。

唯願成無上菩提。

མ་སྐྱེས་པ་དང་མི་འབྱུང་དང་།

瑪姬巴當莫君當，

無出生亦無大種，

རང་བཞིན་མ་མཆིས་གནས་མ་མཆིས།

讓音瑪其內瑪其，

無有性格無有依，

རྣམ་རིག་མ་མཆིས་དངོས་མ་མཆིས།

南仁瑪其俄瑪其，

無有識亦無實有，

སྟོང་པའི་ཆོས་ནི་རྟོགས་པར་ཤོག།

冬比切尼多巴爾肖。

空性之法願證悟。

སངས་རྒྱས་དྲང་སྲོང་ཆེན་པོ་ལྟར།

桑傑章松欽波達爾，

猶如如來大仙人，

སེམས་ཅན་མ་མཆིས་སྲོག་མ་མཆིས།

賽堅瑪其梳瑪其，

無有眾生無有壽，

གང་ཟག་མ་མཆིས་གསོ་མ་མཆིས།

岡薩瑪其索瑪器，

無數取趣無養息，

བདག་མ་མཆིས་པའི་ཆོས་རྟོགས་ཤོག།

達瑪其比切多肖，

唯願無我法證悟，

བདག་འཛིན་བདག་གིར་འཛིན་པ་ཡི།

達增達格爾增巴伊，

無有我執及執我，

དངོས་པོ་ཀུན་ལ་མི་གནས་པར།

內巴俄波更拉莫爾，

一切實有法不依，

སེམས་ཅན་ཀུན་ལ་ཕན་སླད་དུ།

賽堅更拉帕拉都，

饒益一切有情後，

སེར་སྣ་མ་མཆིས་སྦྱིན་གཏོང་ཤོག།

賽爾那瑪其興多肖，

願無慳貪樂善施，

དངོས་པོ་དངོས་པོར་མ་མཆིས་པས།

俄波俄波爾瑪其比，

無有實有法事相，

བདག་གི་ལོངས་སྤྱོད་ལྷུན་གྲུབ་ཤོག།

達格龍覺林智肖。

願我受用任運成。

དངོས་པོ་ཐམས་ཅད་རྣམ་འཇིག་པའི།

俄波塔堅南吉比，

一切實有相壞滅，

སྦྱིན་པའི་ཕ་རོལ་ཕྱིན་རྫོགས་ཤོག།

興比帕若興佐肖，

願施到彼岸圓滿，

ཁྲིམས་ཀྱི་ཚུལ་ཁྲིམས་སྐྱོན་མེད་ཅིང་།

赤吉次赤君美江，

律儀梵行無過犯，

ཚུལ་ཁྲིམས་རྣམ་པར་དག་དང་ལྡན།

次赤南巴爾達當旦，

清淨戒律而俱足，

རློམས་སེམས་མེད་པའི་ཚུལ་ཁྲིམས་ཀྱིས།

駱賽美比次赤吉，

無憍舉心之戒律，

ཚུལ་ཁྲིམས་ཕ་རོལ་ཕྱིན་རྫོགས་ཤོག།

次赤帕若興佐肖。

持戒圓滿到彼岸。

ས་འམ་ཡང་ན་ཆུ་བའམ་མེད།

薩阿木央那曲臥阿美，

如若無有地和水，

རླུང་གི་ཁམས་ལྟར་མི་གནས་ཞིང་།

龍格卡達莫內香，

猶如風息無所依，

བཟོད་པ་འམ་ཁྲོ་བ་མམཆིས་པར་།

索巴阿楚哇瑪其巴，

如若無有忍寬恕，

བཟོད་པའི་ཕ་རོལ་ཕྱིན་རྫོགས་ཤོག།

索比帕若興佐肖。

忍辱圓滿到彼岸。

བརྩོན་འགྲུས་བརྩམས་པའི་བརྩོན་འགྲུས་ཀྱིས།

宗哲乍比宗哲吉，

精進和合更精進，

བརྟེན་སྒྲོ་ལེ་ལོ་མ་མཆིས་ཤིང་།

旦卓裡洛瑪其香，

能依意樂不懈怠，

སྟོབས་དང་ལྡན་པའི་ལུས་སེམས་ཀྱིས།

多當旦比列賽吉，

憑以強壯之身心，

བརྩོན་འགྲུས་ཕ་རོལ་ཕྱིན་རྫོགས་ཤོག།

宗哲帕若興佐肖。

精進圓滿到彼岸。

སྒྱུ་མ་ལྟ་བུའི་ཏིང་འཛིན་དང་།

吉瑪達烏鄧增當，

猶如如幻之等持，

དཔའ་བར་འགྲོ་བའི་ཏིང་འཛིན་དང་།

華哇卓威鄧增當，

猶如無畏行等持，

རྡོ་རྗེ་ལྟ་བུའི་ཏིང་འཛིན་གྱིས།

多傑達烏登增吉，

猶如金剛大等持，

བསམ་གཏན་ཕ་རོལ་ཕྱིན་རྫོགས་ཤོག།

桑旦帕若興佑肖。

禪定圓滿到彼岸。

རྣམ་པར་ཐར་པའི་སྒོ་གསུམ་དང་།

南巴塔爾比果松當，

唯三摩地解脫門，

དུས་གསུམ་མཉམ་པ་ཉིད་དང་ཡང་།

德松娘巴尼當央，

亦復三世不均衡，

རིགས་གསུམ་མངོན་སུམ་བགྱིས་པ་ཡིས།

仁松俄松吉巴伊，

因密三部真實教，

ཤེས་རབ་ཕ་རོལ་ཕྱིན་རྫོགས་ཤོག།

希熱帕若興佑肖。

智慧圓滿到彼岸。

སངས་རྒྱས་ཀུན་གྱིས་བསྔགས་པ་དང་།

桑傑更吉俄巴當，

禮贊盡一切諸佛，

འོད་དང་གཟི་བརྗིད་འབར་བ་དང་།

敖當詩吉巴爾哇當，

威光赫然而照耀，

བྱང་ཆུབ་སེམས་དཔའི་བརྩོན་འགྲུས་ཀྱིས།

香琪賽華宗哲吉，

由於菩薩精進行，

བདག་གི་བསམ་པ་རྫོགས་གྱུར་ཅིག།

達格桑巴佐吉幾，

唯願我心證圓滿，

དེ་ལྟར་སྤྱོད་པ་སྤྱོད་བྱེད་ཅིང་།

帝達嘉巴覺希江，

如是之行能修持，

བྱམས་པ་དྲག་དང་ལྡན་པ་ཡིས།

強巴扎當旦巴伊，

憑以盡聞名彌勒，

ཕ་རོལ་ཕྱིན་དྲུག་རྫོགས་བགྱིས་ནས།

帕若興智佐吉內，

六波羅蜜圓滿後，

ས་བཅུ་པོ་ལ་རབ་ཏུ་གནས།

薩吉波拉熱都內，

在十地中而善住，

དེ་ལྟར་བགྱིས་པའི་བསོད་ནམས་དཔག་མེད་ཀྱིས།

帝達吉比索南華美吉，

如是行持福無量，

དམྱལ་བ་ཡི་དྭགས་དུད་འགྲོ་ལྷ་མ་ཡིན།

娘哇伊達都卓拉瑪音，

地獄餓鬼畜非天，

གནས་ངན་ལེན་པར་རྟག་ཏུ་སྤང་བྱས་ནས།

內俄林巴達都榜希內，

永離投生往惡趣，

རྒྱལ་བ་བྱམས་པའི་ཞབས་དྲུང་སྐྱེ་བར་ཤོག།

嘉哇強巴夏仲吉哇秀，

一生補處慈氏前，

དགའ་ལྡན་ཆོས་ཀྱི་ཕོ་བྲང་ན།

迦旦切吉普章那，

兜率天的宮殿裡，

རྒྱལ་ཚབ་བྱམས་པ་མགོན་པོ་བཞུགས།

嘉叉強巴貢波秀，

一生補處住慈氏，

ས་བཅུ་གནས་པའི་འཁྲུངས་ས་ཡིན།

薩吉內比沖薩音，

所住十地降生處，

ཞིང་མཆོག་དེ་རུ་སྐྱེ་བར་ཤོག།

香卻帝若吉哇肖。

願往生此聖淨土。

ཚེ་འདིའི་ཉིན་བྱེད་འཆི་བདག་མུན་ནག་གིས།

次德寧希其達萌那格，

今生作晝死主黑闇羅，

རྣམ་པར་ཟོས་ཚེ་རང་བློའི་ནམ་མཁའ་ལ།

南巴塞次讓洛南卡拉，

食時示現自心虛空中，

བྱམས་མགོན་ཐུགས་རྗེའི་ཟླ་བ་དེ་ཤར་ནས།

強貢陀吉達哇帝夏內，

慈尊彌勒悲憫月升起，

དགའ་ལྡན་བགྲོད་པའི་ལམ་ཆེན་མཐོང་བར་ཤོག།

迦旦卓比拉欽彤哇肖。

唯願照見去兜率大道。

དེ་ནས་རྗེ་བཙུན་ཞབས་ལ་དད་པ་དང་།

帝內吉贊夏拉達巴當，

於是敬信至尊之足下，

མི་ཕྱེད་སྨོན་ལམ་བཟང་པོས་མཚམས་སྦྱར་ནས།

莫希萌拉桑波叉嘉爾內，

由於不離淨妙願和合，

ཐེག་མཆོག་ཆོས་ཀྱི་དགའ་བས་ཚིམ་བཞིན་དུ།

乘卻切吉迦威辭音都，

猶如殊勝乘法樂滿足，

ཤིན་སྦྱངས་འདབ་སྟོང་རྒྱས་པའི་དཔལ་ཐོབ་ཤོག།

恒江達冬吉比華妥肖。

唯願輕安[60]千瓣增吉相。

མགོན་ཁྱོད་རྡོ་རྗེ་གདན་དུ་སངས་རྒྱས་ནས།

貢喬多傑旦都桑傑內，

怙主您在金剛座成佛，

ཐེག་གསུམ་ཆོས་ཀྱི་འཁོར་ལོ་བསྐོར་བའི་ཚེ།

乘松切吉科洛果威次,

三乘殊勝法輪轉動時,

འདུས་པ་དང་པོའི་འཁོར་དུ་བདག་གྱུར་ཏེ།

德巴當烏科都達吉帝,

成為總集最初輪勝主,

བྱང་ཆུབ་དམ་པར་ལུང་བསྟན་ཐོབ་གྱུར་ཅིག།

香琪達哇龍旦妥吉幾!

唯願證得授記聖菩提!

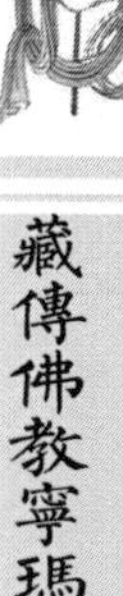

彌勒佛祈請頌